Hermann-Josef Frisch

Nicht Kirchenschafe, sondern Mutchristen

Hermann-Josef Frisch

Nicht Kirchenschafe, sondern Mutchristen

Was der Kirche guttut

Patmos Verlag

VERLAGSGRUPPE PATMOS

PATMOS
ESCHBACH
GRÜNEWALD
THORBECKE
SCHWABEN

Die Verlagsgruppe
mit Sinn für das Leben

Für die Schwabenverlag AG ist Nachhaltigkeit ein wichtiger Maßstab
ihres Handelns. Wir achten daher auf den Einsatz umweltschonender
Ressourcen und Materialien.

Bibliografische Information der Deutschen Bibliothek
Die Deutsche Bibliothek verzeichnet diese Publikation
in der Deutschen Nationalbibliografie;
detaillierte bibliografische Daten sind im Internet
über http://dnb.d-nb.de abrufbar.

Umschlaggestaltung: Finken & Bumiller, Stuttgart
Umschlagabbildung und Seite 5: Ulrich Wörner, Gundelsheim-Obergriesbach,
www.UliCartoons.de
Druck: GGP Media GmbH, Pößneck
Hergestellt in Deutschland
ISBN 978-3-8436-0547-2 (Print)
ISBN 978-3-8436-0548-9 (eBook)

Ein Schaf! Der Theologe und Naturwissenschaftler *Konrad von Megenberg* (1309–1374) schreibt in seinem »Buch der Natur«: »daz schâf hât minner vernunft dann andren tier.« Und in der Tat – das Schaf gilt als Inbegriff für Feigheit und Dummheit. Selbst der Zoologe *Alfred Brehm* (1829–1884, »Brehms Tierleben«) schreibt: »Die Furchtsamkeit des Schafes ist lächerlich, seine Feigheit erbärmlich. Jedes unbekannte Geräusch macht die Herde stutzig. Blitz und Donner und Sturm bringen sie gänzlich aus der Fassung.« Und der Volksmund sagt von einer richtig einfachen Sache: »Das merkt selbst ein Schaf!« Das Schaf also dumm, ängstlich, dem Herdentrieb folgend, wie die große Masse reagierend, ein Mitläufer ohne Individualität, ohne Mut und Lernfähigkeit? Es gibt andere Stimmen: Der amerikanische Naturwissenschaftler *Juan Villalba* meint: »Wenn mit dumm die Unfähigkeit gemeint ist, aus Erfahrungen zu lernen, dann sind Schafe in keiner Weise dumm.« Also: Schafe können lernen, Neues entdecken, sich verändern. Wir werden sehen, was mit Schafen unter den Christinnen und Christen ist.

Hirtenbrief oder Herdenbrief

Von einem anderen Blickwinkel

»*Liebe Brüder im Amt*« – so begann Ende der 1960er Jahre, also unmittelbar nach dem Ende des Zweiten Vatikanischen Konzils und mitten in der Aufbruchstimmung, die nach dem wegweisenden Konzil die Kirche prägte, ein von dem heute unbekannten Autor Jochem Schmauch verfasster *Herden-brief*, der karikierend die damals üblichen *Hirtenbriefe* der Bischöfe aufs Korn nahm. War es zu jener Zeit doch üblich, dass ein Bischof den Gläubigen seines Bistums oft mehrfach im Jahr einen Hirtenbrief schrieb, der in allen Gottesdiensten statt der Predigt verlesen werden musste. Meist ging es dabei um Glaubensfragen, aber oft auch um politische und gesellschaftliche Fragen bis hin zu den sogenannten »Wahl-hirtenbriefen«, die vor einer Bundestagswahl den Gläu-bigen unverhohlen eine bestimmte Partei empfahlen und zugleich die anderen Parteien diskreditierten.

Die Briefliteratur im Neuen Testament, von Paulus und seinen Schülern, aber auch von anderen Autoren der ersten Christengenerationen verfasst, sind gleichsam das Modell solcher Hirtenbriefe: Dabei kann eine bestimmte Gemeinde unmittelbar angesprochen werden (etwa die Gemeinde in Korinth) oder diese Briefe sind Rundschreiben, die in den

Gemeinden des Anfangs verbreitet wurden (etwa der erste Petrusbrief, der an die Gemeinden in Kleinasien gerichtet ist). In den neutestamentlichen Briefen geht es um Grundfragen des Glaubens, am deutlichsten ausgearbeitet im Römerbrief des Paulus, aber auch um konkrete Fragen der jeweiligen Adressatengemeinde, etwa in den Korintherbriefen des Paulus um den Streit in der von ihm gegründeten Gemeinde.

Der erste bekannte Hirtenbrief der Neuzeit ist der des Erzbischofes von Mailand, Karl Borromäus (1538–1584), ein Reformer, der sich – durch die Reformation angestoßen – um eine menschenfreundliche Seelsorge und eine bessere Ausbildung der Priester bemühte. Seit dem 18. Jahrhundert gibt es Hirtenbriefe der Bischöfe auch in Deutschland. Meist handelt es sich dabei um eine Ermahnung zu Beginn der Fastenzeit (Fastenhirtenbrief), die zu Buße und Umkehr aufruft. Diese Texte werden in der Kirche als *oberhirtliche* Stellungnahmen verstanden, denen zu folgen jedes Kirchenglied verpflichtet ist. Hirtenworte zu Themen des Glaubens, aber auch zu Politik und Gesellschaft haben die Gestalt und das Leben der Kirche geprägt – dies besonders im Kulturkampf des 19. Jahrhunderts und auch wieder nach dem Zweiten Weltkrieg in der Aufbauphase der Bundesrepublik Deutschland. Das *Hirtenwort* der Bischöfe fand Gehör, ihm begegnete man mit Respekt, Ehrfurcht und Gehorsam.

Der zu Beginn erwähnte *Herdenbrief* nun bezieht sich auf diese Praxis bischöflicher Schreiben und auf den von der Deutschen Bischofskonferenz zu Beginn jeder Fastenzeit (Österliche Bußzeit) herausgegebenen Brief, der meist mit den Worten begann: »Hirtenbrief der in Fulda versammelten deutschen Bischöfe ... Wir stehen am Beginn der diesjährigen Fastenzeit ... Deshalb ermahnen wir euch ...«

Der Herdenbrief Ende der 1960er-Jahre versteht sich als Brief »der in Deutschland versammelten Katholiken an ihre in Fulda versammelten Bischöfe zu Beginn der Fastenzeit«. Karikierend und voller Ironie nimmt er die betuliche und frömmelnde Sprache der Bischofsbriefe aufs Korn. Von einigen Priestern wurde der Herdenbrief deshalb eine Woche vor dem Beginn der Fastenzeit und dem bischöflichen Fastenhirtenbrief verlesen – also am Karnevalssonntag. So hatten die aufmerksam hörenden Gemeinden durchaus etwas zu lachen – auf Kosten der Mächtigen in der Kirche, die nun nicht mehr als Exzellenzen und Eminenzen, sondern als »Brüder im Amt« angesprochen werden: »Deswegen ermahnen wir euch: Macht, dass die Stummen den Mächtigen dreinreden und die Lahmen Füße bekommen, weil die Blinden wieder sehen können ... Dann hat Er, der in den Himmeln wohnt, ... seine Freude daran. – Gegeben zu Deutschland, im Gedenken an den heiligen Bonifatius, der es verstand, anderen Beine zu machen. Für die Schafe – ein deutscher Katholik.«

Was diesen *Herdenbrief* auszeichnet, ist nicht nur seine humorvolle Sprache, die das manchmal weihrauchgeschwängerte Geschwafel mancher Kirchenoberen in aller Spitze aufs Korn nimmt. Was ihn auszeichnet, sind auch nicht allein seine wichtigen inhaltlichen Forderungen nach mehr Freiheit und mehr Gelassenheit im Umgang mit unterschiedlichen Lebensformen. Was ihn vor allem auszeichnet, ist sein Perspektivenwechsel, die veränderte Richtung, der andere *Blickwinkel*: Nicht mehr wie üblich in der Kirche geht es um einen Blick von oben (von den Kirchenoberen) nach unten (zum Kirchenvolk), nicht von oben (den Hirten) nach unten (auf die Schafe). Vielmehr nimmt sich der Verfasser heraus, von unten nach oben zu blicken – und er bezeichnet dies in seinem Brief ausdrücklich als die Blickrichtung Gottes: »Er aber lacht, der in den Himmeln wohnt« (Psalm 2,4). Das Lachen Gottes gilt »keineswegs den Vergessenen und Benachteiligten, den Kurzgehaltenen und Ausgebeuteten«, sondern »den Beigeordneten des Bürgerschlafes«. Gott sieht also auf die Armen, die Kleinen, die Menschen ganz unten und zeigt sich solidarisch mit ihnen. Man könnte hinzufügen, dass diese Blickrichtung nach unten auch die Blickrichtung Jesu war, der »den Armen eine gute Nachricht bringt, den Gefangenen ihre Entlassung verkündet, den Blinden das Augenlicht schenkt, die Zerschlagenen in Freiheit setzt« (Lukas 4,18).

Von unten nach oben, vom Volk Gottes, wie es das Zweite Vatikanische Konzil als vorrangigen Grundbegriff von Kirche ausdrückte, zum Amt in der Kirche, zu denen, deren Beruf »Kirche in all ihren Facetten« ist – das ist das Neue dieses *Herdenbriefes*. Und das wurde durchaus als humorvoller, aber im Kern doch ernsthafter Sprengsatz verstanden. Damals, in der Aufbruchphase der Kirche nach dem Konzil, in dem neuen Leben, das sich in vielen Gemeinden zeigte, war dieser kritisch-produktive Blick von unten nach oben, vom Volk zum Amt eine Herausforderung, aber letztlich keine gefährliche Sache. Ob es heute noch oder wieder möglich wäre, solch einen Text, angepasst natürlich an unsere veränderte Zeit, im Gottesdienst zu verlesen – und nicht nur an Karneval?

Viel hat sich nämlich in den letzten fünfzig Jahren in der Kirche verändert und keineswegs zum Guten. Wo man sich damals – allerdings mit ziemlicher Mühe – miteinander als Volk Gottes empfand, wo Priester und Laien gemeinsam nach Veränderungen in der Kirche suchten, in den Gemeindestrukturen (etwa Pfarrgemeinderat), in den Diensten in der Kirche (etwa Laienpastoralkräfte, Lektoren, Kommunionhelfer und viele mehr), im Gottesdienst (deutsche Sprache und neue Gottesdienstformen) und in der Verkündigung (etwa Katechese durch Laien), da scheint heute eher ein Weg zurück vor das Konzil programmiert. Wo damals ein Buch »Abschied von Hochwürden« (Josef Othmar Zöller, 1969) durchaus zeitgemäß Klerikalismus und Standesdenken in der Kirche als überholt und dem Volk Gottes nicht gemäß bezeichnen konnte, da findet sich heute in der jüngeren Priestergeneration in Deutschland genau dies wieder. Leider machen sich vor allem unter den Jüngeren klerikales Unterscheiden und damit Absetzen von den Menschen durch Kleidung und Lebensweise und durchaus auch eine gewisse Arroganz breit.

Wo man nach dem Konzil versuchte, Strukturen einer gemeinsamen Entscheidung von Klerus und Laien zu schaffen, werden solche Strukturen heute wieder zurückgeschraubt. Die vom Konzil (1962–1965) gewollten »pastoralen Beratungsgremien« in den Diözesen (vgl. das Kapitel »Das Volk Gottes – vom Zweiten Vatikanischen Konzil«, Seite 39) sind bereits im neuen kirchlichen Gesetzbuch von 1983 nicht mehr enthalten. Im Bistum Regensburg wurde deshalb 2005 der Diözesanrat (Katholikenrat), der sich aus Vertretern der Dekanate und Pfarrgemeinden zusammensetzt, also von unten *gewählt* wurde, durch einen Pastoralrat ersetzt, bei dem der Bischof die Mitglieder von oben herab *beruft* (entsprechend Kanon 512, §1 des Kirchlichen Gesetzbuches). Während in den anderen Bistümern der/die Vorsitzende des Pfarrgemeinderates ein Laie ist, wurde auch dies in Regensburg geändert – dort ist nun der Pfarrer Vorsitzender des Pfarrgemeinderates; Dekanatsräte, also die mittlere Ebene zwischen den Gemeinden und dem Bistum, wurden abgeschafft. All dies sind kleine, aber bezeichnende Schritte eines Zurück zu den alten Strukturen einer Entscheidung von oben nach unten; die zaghaften Versuche, einen neuen Weg zu gehen, werden von den kirchlichen Autoritäten beschnitten. In Regensburg verlief jeder Protest dagegen im Sande, weil er beim Bischof Ludwig Müller, der heute Leiter der Glaubenskongregation im Vatikan ist, kein Gehör fand.

Schlimmer noch ist der Wechsel der Atmosphäre, der der Kirche in Deutschland (in anderen Ländern ist es ähnlich) zu schaffen macht und der ihr jede Reputation in der Öffentlichkeit nimmt: Die katholische Kirche genießt inzwischen in Umfragen weniger Vertrauen als die »alten« Sündenböcke Banken und Ölkonzerne. Dies geschieht vor allem aus zwei Gründen:

- Zum einen halten viele die Kirche für absolut welt- und menschenfern, eine Institution mit Strukturen und Botschaften aus dem Mittelalter, die heutigen Menschen in ihren pluralen Lebenformen ebenso wenig gerecht werden wie den Erkenntnissen der Aufklärung, der Naturwissenschaften, der Psychologie, der Soziologie und der Sexualwissenschaften. Deutlich wurde dies an der Jahreswende 2013/2014 besonders an der von Papst Franziskus in Auftrag gegebenen Umfrage zu Ehe und Familie und zum Sexualverhalten der Menschen. Der Spiegel (5/2014) gibt die zusammenfassenden Äußerungen der deutschen Bistümer zu dieser Umfrage u.a. mit folgenden Zitaten wieder: »Insgesamt wird die Lehre der Kirche als welt- und beziehungsfremd angesehen« (Köln). »Für den Lebensbereich von Ehe und Familie hat die Kirche weitgehend ihre Deutungshoheit verloren« (Magdeburg). »Katholische Ideale und katholische Wirklichkeit klaffen auseinander« (Münster). »Immer mehr wenden sich von der Kirche ab« (Osnabrück) ...

Die Kirche ist durch solche und vergleichbare Punkte in den Augen vieler ein *Dinosaurier*, der zwar aufgrund des vielen Geldes durch die Kirchensteuer noch sichtbar ist, aber eigentlich in ein Museum veralteter Dinge gehört. Von der befreienden Kraft des Evangeliums, von der frohmachenden Botschaft Jesu (Annahme aller ohne Vorbedingung), von einem barmherzigen Gott, von Liebe als Kernforderung an den Menschen – von all dem wird nichts wahrgenommen, weil die Kirche die Botschaft christlichen Glaubens eher verdeckt, weil sie Forderungen aufstellt, Menschen ausschließt, Bedingungen für Teilnahme (etwa an der Mahlgemeinschaft der Eucharistie) fordert, unbarmherzig mit Mitarbeiterinnen und Mitarbeitern und mit Menschen in schwierigen Lebenssituationen umgeht (etwa in der Schwangerenberatung und mit Geschiedenen und Wiederverheirateten) ...

Dass es viele Engagierte in der Kirche gibt, Laien wie Priester und Diakone, die in den Gemeinden und anderen Aufgabenfeldern der Kirche mit herausragendem Einsatz für Menschen da sind, wird verdeckt durch das öffentliche Bild der Kirche, deren hohe Amtsträger mit ihren weltfremden und anmaßenden Äußerungen oft auf heftigen Widerstand stoßen. Auftritte wie die des ehemaligen Limburger Bischofs Tebartz-van Elst nicht nur mit dem protzigen Neubau seines Bischofssitzes (über dreißig Millionen Euro), sondern auch mit seinem autoritären Amtsverständnis und seiner Unbelehrbarkeit führen selbst bei den treuesten Katholiken zu Empörung und Protest. So gibt es nicht allein unter Nichtglaubenden, sondern auch unter Menschen, denen Jesus und seine Botschaft wichtig sind, viele, die sagen: *Rettet das Christentum vor der Kirche!*

• Zum anderen ist in den letzten dreißig Jahren (in den Pontifikaten der Päpste Johannes Paul II. und Benedikt XVI.)

ein Klima der Angst bei den in der Kirche hauptamtlich Tätigen eingekehrt. Von der Freiheit eines Christenmenschen (Luther) kann in den Strukturen der katholischen Kirche in Deutschland heute keine Rede sein. Denunziationen, Spitzeleien und daraus resultierend Zwangsmaßnahmen, Suspendierungen und ständiger Druck von oben lassen viele engagierte Priester wie Laien im Dienst der Kirche resignieren, sich in die innere Emigration zurückziehen oder gar ganz das Handtuch werfen und in den Ruhestand gehen. Kleine traditionalistische, ja fundamentalistische Gruppen treten lautstark auf und werden von manchem Bischof nur zu gern gefördert – große Gruppen engagierter Christen dagegen, die aus Sorge um die Kirche Veränderungen fordern, werden nicht ernst genommen oder ihnen wird Ungehorsam gegenüber der kirchlichen Obrigkeit und Unglauben vorgeworfen. Viele Kleriker, auch Priester in höheren Stellungen, haben deshalb jeden Widerstand gegen ungerechte Maßnahmen der Obrigkeit aufgegeben und gehen den Weg des geringsten Widerstandes durch »vorauseilenden Gehorsam«, nichts anderes als ein Kadavergehorsam, »ein blinder, willenloser Gehorsam unter völliger Aufgabe der eigenen Persönlichkeit« (Duden): Was könnte der Bischof meinen? Wie könnte er entscheiden? Ich kann doch nichts anderes sagen, machen, entscheiden als das, was der Bischof will ... Fazit dieser Wende in der Kirche ist, dass viele heute sagen: *Es hat doch alles keinen Sinn mehr.*

Diese beiden Punkte zusammen mit vielen anderen gefährden die Zukunft der Kirche in Deutschland in hohem Maß. Dies birgt die Gefahr in sich, dass die katholische Kirche zu einer der vielen Sekten wird, die man von außen mit einer gewissen Belustigung betrachtet, mit der man aber wegen ihrer Weltfremdheit nichts zu tun haben will. Die Gefahr ist so real, dass die Kirchenkabarettistin Ulrike Böhmer ihr Programm nennt: »Die Letzte macht das Licht aus« – Kabarettisten nehmen das Leben oft sensibler wahr als andere Menschen, sie bringen die Dinge auf den Punkt. Das Schlimme ist dabei, dass die für die Kirche und ihre Zukunft, für die Gemeinden und die vielen Menschen darin Verantwortlichen den Ernst der Lage überhaupt nicht wahrzunehmen scheinen. Sie beschuldigen wahlweise den bösen Zeitgeist, den Relativismus unserer Zeit, die Gesellschaft, in der nichts verbindlich ist, den Egoismus und die Konsumorientierung der Einzelnen, den Verlust von Werten und anderes mehr, am Rückgang der Kirchlichkeit schuld zu sein. Auf die Idee, zuerst einmal in den Spiegel zu schauen, kommen sie nicht. Oder vielleicht doch, aber sie haben Angst, was sie darin sehen: Rückwärtsgewandtheit, krampfhaft ängstliches Festhalten an Hergebrachtem, Veränderungsunwilligkeit, Unbeweglichkeit, aber auch Streben nach Macht, Herrschaft und Dominanz, Manipulation und Kontrolle, das Empfinden, allein Recht zu haben und die eigene Meinung durchsetzen zu müssen. Dem entspricht das Herabsetzen anderer, deren Herr man ja innerhalb der kirchlichen Strukturen ist, ein Verständnis von Bischof und Priestern wie das eines Lehnsherrn, der seinen Leibeigenen beliebig befehlen darf ... Was ist geblieben, bitteschön, von der Freude des Evangeliums, von der Freiheit eines Paulus, vom Vertrauen eines Jesus ...?

Schlussfolgerung: Diese hierarchische, klerikale, selbstbezogene, auf Macht und Einfluss drängende Kirche, die Menschen unterdrückt statt befreit, die eine Drohbotschaft verkündet statt der Frohen Botschaft christlichen Glaubens, die ausschließt statt integriert, die fordert statt schenkt, die Angst statt Mut und Hoffnung macht – diese Kirche ist am Ende, personell und moralisch. Und das ist noch nicht einmal eine schlechte Nachricht. Denn nur so eröffnen sich *Perspektiven für einen Neubeginn*.

Um diesen Neubeginn soll es in dieser streitbaren und durchaus zugespitzten Schrift gehen, um einen Aufbruch, einen Neuanfang und damit um die Hoffnung, dass das Leben und Sterben Jesu, dass seine Verkündigung eines guten und barmherzigen Vaters, dass die Botschaft des Evangeliums nicht umsonst waren, sondern in unserer Zeit, Kultur und Gesellschaft einen neuen Platz haben können. Dies machen wir bildhaft daran fest, dass das Volk Gottes, dass alle Getauften und Gefirmten nicht Schafe sind, die selbsternannten Hirten treu und doof zu folgen haben, sondern dass alle Christen einander zu guten Hirten werden sollen. Nicht Schafe, sondern Mutchristen – das braucht die Kirche, um die Botschaft des Glaubens weiterzutragen an die nachfolgenden Generationen auch in veränderten Zeiten und Kulturen. Also schauen wir uns das mit den Hirten näher an.

Der Herr ist mein Hirt

Von Hirten und Herden

»Weide meine Schafe« – so lautet im Nachtrag des Johannesevangeliums die Anrede Jesu an Simon Petrus (Joh 21,15–19). Der Wortschatz der Bibel ist voll von »Schafen, Hirten, Herde«. Es lohnt, sich das Umfeld dieser Bezeichnungen näher anzuschauen, bevor in weiteren Kapiteln Konsequenzen für die Kirche heute aufgezeigt werden können.

Die Zeit der Väter Israels (die legendenhaften Gestalten von Abraham, Isaak, Jakob und seinen zwölf Söhnen) war eine Hirtenkultur. Nomadisierende Aramäer ziehen mit ihren Schaf- und Ziegenherden durch die Gebiete des fruchtbaren Halbmonds (von Mesopotamien bis Israel) und weiter nach Süden in die Steppen des Sinai. Der Reichtum dieser Väter (das wird sowohl von Abraham wie auch von der literarisch-fiktiven Gestalt des Ijob ausgesagt) liegt in der Größe ihrer Herden. Schafe und Ziegen sind für das Überleben dieser Nomaden unerlässlich, sie liefern Milch und Fleisch, Wolle und Felle. Aber auch die großen Gestalten späterer Zeiten waren Hirten: Mose hütet die Schafe seines Schwiegervaters Jitro (Ex 3,1), David hütet die Schafe, als der Prophet Samuel kommt, um ihn zum König zu salben.

Und er ist auch weiterhin ein Schafhirt, als Israel durch den gewaltigen Kämpfer Goliat bedroht wird. Auch Amos ist um das Jahr 750 v. Chr. Schafzüchter in Tekoa, als er zum Propheten berufen wird. Die Hirtenkultur klingt sogar noch am Beginn des Neuen Testamentes an, als in der Kindheitserzählung des Lukas (Lk 2,15–20) Hirten zum Neugeborenen kommen (bei Matthäus sind dies die Weisen aus dem Osten, Mt 2,1–12). Diese Hirtenkultur spielt in der Bibel erst dann keine Rolle mehr, als sich der Akzent der Texte bei Paulus vom Land in die Städte des Mittelmeerraumes verlagert. Bei Jesus allerdings ist dies noch nicht so, er erzählt das Gleichnis vom verlorenen Schaf (Lk 15,3–7) und deutet sich in der Darstellung des Johannesevangeliums als Hirte (Joh 10,11).

Schafe sind zudem wichtige Opfertiere im Kult der frühen Sippen und Stämme Israels wie auch später im Jerusalemer Tempel. Besonders in der Exodustradition (Auszug Israels aus der Unterdrückung Ägyptens unter Leitung von Mose), gleich wie dieser Auszug historisch einzuordnen ist, spielt das Opfer des Lammes eine bedeutende Rolle: Pessah (Pascha) war ursprünglich wohl ein Mahl der Wüstennomaden, die in der Vollmondnacht des Frühlingsbeginns Schutz für ihre Herden von der Gottheit erbaten. Dieses nomadische Mahl wurde in Israel mit der Aufbruchsituation in Ägypten verbunden: Ungesäuerte Brote, bittere Kräuter und ein Lamm bildeten die »Heilsmahlzeit«, bevor unter Gottes Führung der Weg in neues Land begann.

In den Schriften der Hebräischen Bibel, des christlichen Ersten/Alten Testaments, liegt der Hauptfokus der Begriffe Hirte/Herde/Schaf auf dem Wirken Gottes. Er ist der gute Hirt (Ps 23,1 und 80,2), er sorgt als Hirte für sie mit lauterem Herzen (Ps 78,72), er führt sein Volk wie Schafe auf die Weide und lässt sie dort ruhen (Ez 34,15). Bereits der Urvater

Jakob/Israel spricht am Ende seines Lebens – gleichsam als Testament – von seiner Glaubenserfahrung mit Gott, »der mein Hirt war mein Lebtag bis heute«. Dies ist dann auch das Fazit der prophetischen Glaubenstraditionen Israels: Beim Propheten Ezechiel (Ez 34,11–31) spricht Gott: »Ich will ihr Hirt sein und für sie sorgen, wie es recht ist ... Ihr seid meine Schafe, ihr seid die Herde meiner Weide.«

Die Rechtleitung Gottes, des guten Hirten, der sein Volk durch Steppe und Wüste hindurch zu grünen Auen und zum Wasser führt (Ps 23,2), wird in einem zweiten Schritt übertragen auf Menschen: Weil sie selber von Gott geleitet sind, können sie nach dem Beispiel und Vorbild Gottes zu Hirten werden. Dies gilt für Mose, den der Prophet Jesaja »als Hirten der Schafe Gottes« bezeichnet (Jes 63,11), ebenso für Josua, als Mose im Anblick des Verheißenen Landes Gott um einen Anführer des Volkes bittet, der sein Nachfolger werden soll: »Die Gemeinde des Herrn soll nicht sein wie Schafe, die keinen Hirten haben« (Num 27,17). Dies gilt für David, als die Stämme Israels zu ihm kommen: »Der Herr hat zu dir gesagt: Du sollst der Hirt meines Volkes Israel sein, du sollst Israels Fürst werden« (2 Sam 5,2). Bereits die Richter in der Zeit vor den Königen Saul, David und Salomo hatte Gott »zu Hirten seines Volkes eingesetzt« (2 Sam 7,7).

Der König also übernimmt in Israel/Juda nach dem Beispiel Gottes die Aufgabe, wie ein Hirt für das Volk zu sorgen, es zu beschützen und auf gute Weide und zu Wasserplätzen zu führen. Diese Vollmacht erhalten die Könige nicht aus eigener Kraft und aufgrund eigenen Verdienstes, sondern allein aus der Berufung durch Gott. Ihm sind sie dann auch für die ihnen anvertraute Herde Gottes verantwortlich. Sie stellen gleichsam die Verlängerung der »Hand Gottes« auf Erden dar. Der Psalmist lobt Gott für sein Wirken: »Du führtest dein Volk wie eine Herde durch die Hand von Mose und Aaron« (Ps 77,21), man könnte ergänzen »durch die Hand von David, Salomo ...«.

Der König als Hirte – damit greifen die Schriften der Hebräischen Bibel eine Bezeichnung auf, die sich in den altorientalischen Königstitulaturen überall findet. Der Hirte ist eine der wichtigsten Bezeichnungen für die Aufgabe des Königs – entstanden natürlich aus einer Bauern- und Hirtenkultur mit nur wenig städtischer Bevölkerung. Der Pharao, der »König« Ägyptens, etwa trägt als seine Amtsinsignien Geißel und Zepter – diese sind nichts anderes als die etwas umgeformten »Werkzeuge« eines orientalischen Hirten: Fliegenwedel und Hirtenstab.

Die Könige als Hirten – das kann gut gehen oder auch nicht. So ist die Hebräische Bibel voller Klagen über schlechte Hirten und Wehrufe an diejenigen, die die Herde in die Irre leiten: »Weh den Hirten, die die Schafe meiner Weide zugrunde richten und zerstreuen« (Jer 23,1). »Eine verlorene Herde war mein Volk, ihre Hirten führten sie in die Irre« (Jer 50,6). »Weh den Hirten Israels, die sich nur selbst weiden« (Ez 34,2) – da klingt das an, was in der Redewendung gemeint ist »Die bringen ihre Schäfchen ins Trockene«, nämlich, das Seine zu sichern wissen.

»Die Herrscher unterdrücken ihre Völker und die Mächtigen missbrauchen ihre Macht« – so sagt Jesus es in seiner Mahnrede an die Jünger über Herrschen und Dienen (Mt 20,25). Der nachexilische Prophet Sacharja drückt dies noch krasser aus: »Gegen die Hirten ist mein Zorn entbrannt (spricht Gott), die Leithammel ziehe ich zur Rechenschaft. Denn der Herr der Heere sieht nach seiner Herde« (Sach 10,2). Nicht um Ausbeutung und Unterdrückung darf es also den Hirten gehen, sondern um Fürsorge und Förderung der ihnen Anvertrauten, dies im Bild von guter Weide und frischem Wasser dargestellt.

Jesus greift den alttestamentlichen Gebrauch des Hirtenbildes auf und wendet ihn auf seine eigene Person: Was in der Hebräischen Bibel vom guten Hirten Gott ausgesagt wird, findet sich vergleichbar in seiner Sendung: Er ist der Hirt, der sich für seine Herde einsetzt: »Ich bin der gute Hirt. Der gute Hirt gibt sein Leben für die Schafe« (Joh 10,11). Der »Hirte« Jesus zeigt die Liebe, das Erbarmen und die Fürsorge des »Hirten« Gott. Zugleich ist er auch der Mittler, die *Tür*, durch die Rettung erfolgt (Joh 10,9) und der Eingang in die Herde Gottes möglich ist. Jesus versteht sich und seine Sendung in besonderer Weise für die Kleinen und Geringen im Volk, in einem anderen Bildwort ausgedrückt: »Nicht die Gesunden brauchen den Arzt, sondern die Kranken« (Mk 2,17).

Von diesem Gedanken aus wird dann im Neuen Testament der Begriff »Hirte« auch für die Jünger und später für das Amt in der Kirche gebraucht – allerdings in auffallend geringer Häufigkeit. Man sollte meinen, dass sowohl in der Apostelgeschichte und in der neutestamentlichen Briefliteratur, also in der Zeit des Aufbaus der ersten Gemeinden, das Thema äußerst wichtig war, doch das Gegenteil ist der Fall. Bei Paulus taucht der Begriff Hirte überhaupt nicht auf, allein im Epheserbrief eines Paulusschülers heißt es: »Den einen gab er das Apostelamt, andere setzte er als Propheten ein, andere als Evangelisten, andere als Hirten und Lehrer« (Eph 4,11).

Nur an zwei weiteren Stellen taucht der Begriff Hirte im Zusammenhang mit Leitungsaufgaben der ersten Gemeinden auf. In der Apostelgeschichte (20,28) heißt es in einer (fiktiven) Rede des Paulus an die Ältesten der Gemeinde von Ephesus: »Gebt acht auf euch und auf die ganze Herde, in der euch der Heilige Geist zu Bischöfen bestellt hat, damit ihr als Hirten für die Kirche Gottes sorgt.« Der Begriff »Bischof« entspricht hier nicht dem heutigen Sprachgebrauch, sondern ist mit dem Begriff »Ältester« gleichzusetzen (vgl. Tit 1,6–7), also mit einer Gruppe von Gleichberechtigten, die entsprechend der jüdischen Ordnung für eine Synagogengemeinde die Leitung einer christlichen Gemeinde des Anfangs innehatten – eher in der Funktion eines Pfarrgemeinderates. Die andere Stelle im Wortfeld Hirte/Herde steht im ersten Petrusbrief (5,1–4): »Eure Ältesten ermahne ich ... seid *nicht Beherrscher* eurer Gemeinden, sondern Vorbilder für die Herde! Wenn dann der oberste Hirt (Christus) erscheint ...«

Zudem gibt es noch ein Wort im Zusammenhang mit Hirt/Herde in einem Nachtrag des Johannesevangeliums, wohl von Schülern des Evangelisten zu Beginn des zweiten Jahrhunderts geschrieben: Bei der Erscheinung des Auferweckten am See Gennesaret beauftragt Jesus Simon Petrus, den Sprecher der Zwölf, dreimal (damit verbindlich): »Weide meine Lämmer/Schafe!« Dies wird unter die abschließende Forderung gestellt: »Folge mir nach!« Petrus soll also nach dem Beispiel Jesu als guter Hirt für die Menschen bestellt sein – das Modell eines barmherzigen und fürsorglichen Handelns, was alttestamentlich über Gott, neutestamentlich über Jesus ausgesagt wird, geht nun als zu erfüllender Auftrag an die Jüngergemeinschaft Jesu mit Petrus an der Spitze. Diesem Auftrag muss sich die Kirche zu allen Zeiten verpflichtet wissen.

In der frühchristlichen Kunst findet sich als eine der ersten Darstellungen von Jesus das Bild des guten Hirten in den Bildern der Katakombenmalerei, in den Reliefs auf frühchristlichen Sarkophagen. Auch findet sich die Darstellung Jesu als guter Hirte mit einem Lamm auf der Schulter im Zusammenhang mit dem Taufort: Die Taufe wurde verstanden als Eintritt in die Herde Christi. Die wohl schönste Darstellung eines solch guten Hirten findet sich in der Mitte des 5. Jahrhunderts in einem Mosaik des Mausoleums der Kaiserin Galla Placidia in Ravenna: Hier sitzt Christus mit Kreuz-Hirtenstab mitten unter sechs Schafen. Auch in der weiteren Kunstgeschichte ist das Motiv vom guten Hirten wichtig bis hin zu den Barockdarstellungen des Pastor bonus, oft auf den Schalldeckeln der Kanzeln angebracht (und damit eine deutliche Mahnung an die darunter predigenden Geistlichen).

In der Geschichte der Kirche wurde der Begriff »Hirtenamt« zunehmend ausgefüllt und auch dogmatisierend als göttliche Ordnung festgelegt, die für die Struktur der Kirche als hierarchische Gestalt unablässig ist (»Hierarchie« = »heilige Herrschaft«). So heißt es etwa im »Lexikon für Theologie und Kirche« (Ausgabe 1960 – also vor dem Konzil): »Unter dem Hirtenamt ist die von Christus der Kirche übertragene Ermächtigung zu verstehen, in dem Gottesvolk jene Ordnung zu pflegen, die für das Heil notwendig oder förderlich ist. Der Ordnungsauftrag verwirklicht sich durch die Ämter der Kirche. Diese sind durch göttliche oder kirchliche Anordnung für Dauer geschaffene Einrichtungen (Institutionen), die zur Erfüllung bestimmter kirchlicher Aufgaben mit den entsprechenden Befugnissen der Hirtengewalt ausgestattet sind.«

Hirtengewalt – ein solches Wort lässt uns heute eher erschaudern. Da denken wir schnell an das Schlachten der Lämmer und nicht an das Führen auf eine gute Weide. Und in der Tat – wie oft in der Geschichte der Kirche übte das kirchliche Amt Gewalt aus, wie oft geschah blutige

Unterdrückung! Heute ist es eine eher subtile Gewalt und Machtausübung, die die Menschen klein halten will – all solche Gewalt in der Nachfolge des gewaltlosen Jesus: »Weide meine Lämmer!«

Das gleiche Lexikon fährt fort: »Im Allgemeinen kann nur der Inhaber der Weihegewalt Träger der Hirtengewalt sein.« Dies ist so zu verstehen, dass die Entscheidungsbefugnis und damit die Machtausübung innerhalb der Kirche an die Weihe (zumindest zum Priester, mehr aber zum Bischof) gebunden ist. Laien haben keine »Hirtengewalt«. Dieser Aspekt wird uns weiter beschäftigen, wenn wir uns im übernächsten Kapitel den Texten des Zweiten Vatikanischen Konzils über die Laien zuwenden.

Mit der biblischen Grundlage ist uns die Richtung vorgegeben, wie der Begriff des Hirten für unsere Zeit und Kultur weitergeführt werden kann, in der Hirten bei uns eher als romantische Figuren angesehen werden, die pfeifchenschmauchend über grüne Wiesen ziehen und den Herrgott einen guten Mann sein lassen.

Der biblische Befund zeigt eindeutig: Nicht um Herrschen geht es, sondern um Dienen nach dem Beispiel Jesu, nicht um Ausbeutung geht es, sondern um Förderung der Armen und Geringen, nicht um Ausschluss und Diffamierung geht es, sondern um Integration in die eine Herde, bei der niemand zu fragen hat, ob das Fell des Schafes weiß oder schwarz ist. Vielmehr ist als guter Hirte zu fragen, was jedem Einzelnen guttut, was er an frischem, lebendigem Wasser braucht und was als gute Weide, wo er sich entfalten kann. Autorität – und die ist in jeder Sozialform von Menschen nötig – ist etwas anderes als autoritäres, diktatorisches Verhalten. Autorität zeigt sich gerade in der Fürsorge für den anderen, im Bestärken und Fördern, im Respektieren und

Einbinden in ein Gesamt. Von da aus noch einmal die Mahnung des ersten Petrusbriefes: »Seid nicht *Beherrscher* eurer Gemeinden, sondern *Vorbilder* für die Herde.«

In der Liturgie der Kirche taucht das Evangelium vom guten Hirten am 4. Ostersonntag auf, der gleichzeitig der »Weltgebetstag für geistliche Berufe« ist. Dies scheint zu passen: Die einen sind die Hirten, die alles zu bestimmen und zu entscheiden haben und dabei natürlich nicht auf die dummen Schafe Rücksicht nehmen können. Und die anderen, das sind die stummen, verängstigten (Drohbotschaft) und dummen Schafe, die als Herde dem Hirten in Ehrfurcht und Gehorsam zu folgen haben. Über all diesen klerikalen Hirten gibt es dann noch einen Oberhirten, das ist der Bischof, und noch einen Oberoberhirten: Und das ist nicht etwa Gott oder Christus, sondern der Papst.

Doch solche Vorstellungen – hier ein wenig überspitzt gezeichnet – wecken in unserer Zeit zunehmend erhebliches Unbehagen. Wer will schon ein Schaf sein, das dumm, vor allem aber gehorsam irgendwelchen Hirten folgt? Wer will schon die Entscheidung über sich an andere abgeben – und dies dazu noch im innersten Bereich, in der Religion, im Glauben? Wir sind uns seit der Aufklärung bewusst, dass wir als Einzelpersonen eine eigenständige Würde, eine eigenständige Entscheidungsbefugnis und auch eine eigene Verantwortung für unser Leben haben. Und spätestens seit dem Zweiten Vatikanischen Konzil, aber eigentlich, wenn man das Neue Testament ernst nimmt, schon immer, sind wir uns bewusst, dass dies auch für das Volk Gottes gilt: Das Volk Gottes ist gemeinsam unterwegs, muss gemeinsam seinen Weg suchen. Dazu später mehr.

So stellen Menschen heute zunehmend die drängende Frage: Wer ist eigentlich der Hirte, dem wir voll Vertrauen zu folgen haben: Gott? Christus? Oder diejenigen, die sich in einem geschichtlich in 2000 Jahren gewachsenen hierarchischen System selbst als Hirten bezeichnen? Gehören solche »kirchlichen Hirten« nicht eigentlich auch zur Herde, die sich von Christus und Gott führen lassen sollte?

Und wenn schon das Bildwort vom guten Hirten auf Menschen anzuwenden ist, dann nicht auf Einzelne, Herausragende, mit besonderen Aufgaben Betraute, sondern auf alle, die Jesus in Glauben und Leben nachfolgen. Also keine Engführung auf Amtsträger (die es sicher in der Kirche als Sozialstruktur geben muss – fragt sich nur in welcher Gestaltung), sondern ein Einschließen aller Getauften und Gefirmten:

Wir alle sind demnach einander Hirten –
und wir sollen einander gute *Hirten sein.*

Wenn wir alle einander Hirten sind, dann kann man die Aufgabe von Amtsträgern in der Kirche allein als *Dienst* verstehen, ein Dienst daran, dass diese gemeinsame Hirtensorge füreinander in guter Weise möglich wird. Nicht Herrschaft, sondern Dienst, nicht »Herren über euren Glauben, sondern Diener zu eurer Freude«, so schreibt Paulus (2 Kor 1,24). Nicht autoritäres Von-oben-Herabbestimmen, sondern Dienst von unten, wie es das Beispiel und Vorbild der Fußwaschung Jesu zeigt.

Dass diese Sicht der Kirche und des Dienstes darin eine enorme Herausforderung an die Christenheit darstellt, hat Papst Franziskus in seiner Enzyklika »Evangelii Gaudium« (»Von der Freude des Evangeliums«, 2013, im Folgenden »EG« abgekürzt) deutlich gemacht, wenn er schreibt: »Die Laien sind schlicht die riesige Mehrheit des Gottesvolkes. In ihrem Dienst steht eine Minderheit, die geweihten Amtsträger. Das Bewusstsein der Identität und des Auftrags der

Laien in der Kirche ist gewachsen ... Doch die Bewusstwerdung der Verantwortung der Laien, die aus der Taufe und der Firmung hervorgeht, zeigt sich nicht überall in gleicher Weise. In einigen Fällen, weil sie nicht ausgebildet sind, um wichtige Verantwortungen zu übernehmen, in anderen Fällen, weil sie in ihren Teilkirchen aufgrund eines übertriebenen Klerikalismus, der sie nicht in die Entscheidungen einbezieht, keinen Raum gefunden haben, um sich ausdrücken und handeln zu können ...« (EG 102). Wir kommen auf das Verhältnis von Klerus und Laien im Kapitel über das Volk Gottes zurück (s. Seite 39).

Was gehört zum guten Hirten? Vier Punkte seien genannt und diese sind anzuwenden auf jeden Getauften, aber erst recht auf die, die besondere Verantwortung tragen, weil sie sich in einen besonderen Dienst stellen:

• Ein guter Hirt muss selber den Weg suchen und zwar nach vorne und nicht zurück und dies in jeder Zeit und jeder Situation neu. Er muss sich selbst in Bewegung setzen, ist selber noch nicht am Ziel (»Gottes Volk miteinander auf dem Weg«!) und sollte sich immer bewusst bleiben: Jeder ist auf andere angewiesen.

Also: *Wer sich nicht bewegt, kann kein guter Hirte sein.*

• Ein guter Hirt weiß um das Ziel, kennt Wege, wie das Leben gelingen kann, wie es nicht eingeschränkt, beengt, sondern in Fülle gelebt werden kann. Sein Leben hat immer eine Richtung und zwar in eine gute Zukunft hinein (das kann man theologisch »Reich Gottes« oder »Himmel« nennen). Der gute Hirt weiß, dass wir noch längst nicht am Ziel unserer Möglichkeiten angelangt sind. Und er weiß, dass die Wege der Vergangenheit »abgegrast« sind und neues Weideland erschlossen werden muss.

Also: *Wer nur zurückblickt und nicht nach vorn schaut, kann kein guter Hirte sein.*

• Ein guter Hirt kennt Verantwortung für andere und lebt diese Verantwortung selbstlos, als Dienst, im Engagement. Dies kann soweit gehen, dass auch das Leben eingesetzt wird (siehe die zahllosen christlichen Märtyrer). Um Dienst geht es dem Hirten, nicht um Herrschaft: Im Neuen Testament findet sich das Wort »hierarchia« (»heilige Herrschaft«) nirgendwo, immer geht es um »diakonia« (»Dienst«).

Also: *Wer nicht zu selbstlosem Dienst bereit ist, kann kein guter Hirte sein.*

• Ein guter Hirt geht dem Verlorenen nach (vgl. das Gleichnis vom verlorenen Schaf (Lk 15,4–7). Barmherzigkeit und Versöhnung sind gefragt, nicht Verurteilung und Verfolgung Andersdenkender. Integration auch unterschiedlicher Menschen ist christliche Grundtugend, nicht Ausschluss. Gemeinschaft ist notwendig in der Herde Gottes – auch mit den schwierigen, eigenwilligen oder selbstbewussten »Schafen« und natürlich besonders mit denen, denen das Leben ohne oder mit eigener Schuld übel mitgespielt hat. Das Anliegen des guten Hirten ist die Ökumene, die übergreifende Gemeinschaft aller.

Also: *Wer nicht die Liebe an oberste Stelle setzt, kann kein guter Hirte sein.*

Guter Hirte sein – das ist demnach kein Auftrag für einige wenige Amtsträger, sondern ein Auftrag an alle Getauften, an jeden Einzelnen, gleich welche Funktion er innerhalb der Kirche ausübt. Allein das ist wichtig:

• Wir setzen uns immer wieder neu in Bewegung, suchen neue Wege.
• Wir wissen um ein gutes Ziel, auf das unser Leben zuläuft.
• Wir sind bereit zur Verantwortung füreinander.

- Wir suchen liebevolle Gemeinschaft mit allen.

Wem also können wir in diesem vierfachen Sinn ein »guter Hirte« sein? Dies gilt in beiden Richtungen: Kleriker als gute Hirten für Laien *und* Laien als gute Hirten für Kleriker und alle miteinander für die Menschen um uns herum, für die Welt, die eine Botschaft der Hoffnung dringend braucht. Sind doch für den Verfasser des ersten Petrusbriefes alle Getauften eine »königliche *Priesterschaft*«, »lebendige Steine in einem geistigen Haus« (1 Petr 2,9.5). Und das Zweite Vatikanische Konzil weist im Dekret über das Laienapostolat (Art. 37) darauf hin, dass die Laien »die Möglichkeit, bisweilen auch die Pflicht haben, ihre Meinung in dem, was das Wohl der Kirche angeht, zu erklären ... Die geweihten Hirten aber sollen die Würde und Verantwortlichkeit der Laien in der Kirche anerkennen und fördern ...« Wir kommen auf die Aussagen des Konzils zurück (Seite 39); zuerst aber ein Blick auf die Gemeinden des Anfangs und auf Paulus.

Glieder eines Leibes

Von den Gemeinden des Paulus

An die Heiligen in Korinth – so heißt es am Anfang des ersten Briefes, den Paulus der von ihm gegründeten Gemeinde in Korinth schreibt; auch andere Gemeinden redet er so an: Für ihn gibt es keine Unterscheidung zwischen einem Klerus, der über den Gemeinden steht, und den Laien, die unten stehen und dem Klerus zu gehorchen haben. Vielmehr ergibt sich aus seinen Briefen ein deutliches Bild von dem, was er unter Gemeinde, Kirche, griechisch *ecclesia,* versteht.

Ekklesia ist im gesamten mediterranen Kulturraum die Volksversammlung der freien Bürger, die selbstständig und eigenverantwortlich alle Fragen ihrer Stadt und ihres Landes erörtern und entscheiden. Hier ist der Hinweis auf die *freien* Bürger wichtig, die sich nicht in Abhängigkeit, sondern vor ihrem eigenen Gewissen für das Wohl aller verantwortlich wissen und dementsprechend handeln – ein Grundsatz, der für Paulus in seinem Verständnis von Christen nicht minder entscheidend ist: Sie leben in der Freiheit der Kinder Gottes. Auch der Hinweis auf die *gemeinsame* Entscheidung ist wichtig, die alle einbindet und berücksichtigt. Natürlich betraf dies im Griechenland der alten Zeit nur einen Teil, nämlich die freien Bürger, nicht aber die Diener und Sklaven oder die Frauen, und es ist deshalb nur bedingt berechtigt, von einer »Herrschaft des Volkes«, von einer »Demokratie« zu sprechen, in der alle gleiche Rechte haben. Dennoch ergeben sich Grundsätze, die für Christen als Getaufte und mit dem Geist Gottes Erfüllte maßgebend sind.

Freiheit und *Mitwirkung aller* sind zwei Kriterien einer Volksversammlung, die Paulus aus seiner hellenistischen Tradition als unverzichtbar erfahren und nach denen er auch seine Gemeinden aufgebaut hat. Übrigens begegnet Ähnliches in der jüdischen Herkunft des Paulus: Auch da wird die Freiheit des Volkes betont, vom Gott der Befreiung geschaffen – die Menschen in Israel haben sich immer als vom Herrn Befreite verstanden. In den Synagogengemeinden gilt Gleichheit der (allerdings nur männlichen) Mitglieder, die *alle* (und nicht nur die Rabbiner) das Wort der Tora lesen und auslegen dürfen – Juden haben immer selbstbewusst vor den Mächten dieser Welt gestanden.

Die siebzig jüdischen Gelehrten im ägyptischen Alexandrien wählten das Wort *ekklesia*, als sie die Hebräische Bibel ins Griechische übersetzten und nach einer Entsprechung für das hebräische *kahal* suchten, für das *Volk Gottes* auf dem Weg durch die Geschichte.

Paulus versteht unter *ekklesia*, dem Volk Gottes auf dem Weg, eine dreifache Gemeinschaft: die Gemeinschaft der von Gott Geheiligten in den *Hausgemeinden*, die Gemeinschaft der aus einem Geist zusammengeführten Christen in einer Stadt, also die *Ortsgemeinden*, und die Gemeinschaft der sich in allen Ländern zu Christus Bekennenden in der universellen *Kirche*.

Den Hausgemeinden gilt das besondere Augenmerk des Paulus. Denn hier liegt der »Geburtsort« der Kirchen an den einzelnen Orten. Er wandte sich bei seinen Missionsreisen immer zuerst an die in den Synagogen versammelten Juden und an die angeschlossenen Proselyten – das sind die, die den jüdischen Glauben an den einen Gott faszinierend fanden, die aber wegen der jüdischen Gesetzlichkeit von Speisegeboten bis zur Beschneidung keinen Übertritt zum Judentum wagten.

Aus beiden Gruppen gab es überall einige, zu denen Paulus sprechen konnte. Man traf sich im Haus eines solchen für das Evangelium offenen Menschen. Dort predigte Paulus, dort wurde getauft und das Herrenmahl gefeiert, eine *Hausgemeinde* entstand. Haus bedeutete damals eine Hausgemeinschaft von zwanzig bis dreißig Menschen, den Hausherrn mit seinen Familienangehörigen (oder auch die Hausherrin), die Diener und Sklaven und weitere Personen.

Diese neu entstandenen christlichen Hausgemeinden waren wichtige Stützpunkte der Missionsarbeit. Es gab viele davon mit herausragenden Mitarbeitern: Priska und Aquila etwa in Korinth, später auch in Ephesus. Sie haben ihr Haus zu einem Ort des Gebetes und des Gottesdienstes gemacht, sie haben Taufkatechese gehalten und getauft, sie haben das Herrenmahl in ihrem Haus geleitet, wie es die Aufgabe eines gläubigen Hausherrn oder einer Hausherrin ist. Sie schufen so einen Ort der geschwisterlichen Begegnung.

In Kolossä war Philemon der Leiter einer solchen Hausgemeinde, doch nicht er allein, sondern mit ihm Apphia, die »Schwester im Herrn«, und der Mitstreiter Archippus. Gemeinsam leiteten sie die Gemeinde in diesem Haus. In Laodizäa war es Nympha, also eine Frau, die diese Gemeinde der Brüder und Schwestern alleine leitete und ihr vorstand. Noch viele andere Leiter sind namentlich bekannt, Asynkritus, Philologus und seine Frau Julia, Gaius, Stephanas und andere mehr.

In solchen Hausgemeinden kam eine Gruppe von Menschen zusammen, die sich untereinander kannten, die zusammen lebten, ohne dass Volk und sozialer Stand Grenzen gezogen hätten. Nicht mehr »Jude noch Grieche, nicht mehr Herr noch Sklave, nicht mehr Mann noch Frau« (Gal 3,28) gab es bei ihnen, sondern alle waren durch die eine Taufe und durch den einen Geist zu einer Gemeinschaft von Gleichen geworden, die in Freiheit und gemeinsamer Entscheidung die *ekklesia* Christi Jesu aufbauten. Zu diesen überschaubaren und damit nach einem menschlichen Maß aufgebauten Hausgemeinden fühlten sich andere hingezogen, die Hausgemeinden waren der Sauerteig der jungen Kirche.

In einem Ort, in einer Stadt – wie etwa in Korinth – gab es bald verschiedene Hausgemeinden, die ihr Leben eigenständig gestalteten, in denen Taufe und Herrenmahl gefeiert wurden. Manchmal aber kamen alle Hausgemeinden zu gemeinsamem Tun zusammen. Das ist gemeint, wenn Paulus – wie im Korintherbrief – davon spricht, dass die *ganze* Gemeinde (= *Ortsgemeinde* als Zusammenschluss aller *Hausgemeinden*) zusammenkommt. Aber auch in dieser größeren Versammlung kannte man sich, die Hausgemeinde wie die Ortsgemeinde waren Mittelpunkte persönlicher Beziehungen, beständigen Austausches und solidarischen Lebens in Übereinstimmung mit dem Geist Jesu.

Zudem war die Gemeinschaft der Hausgemeinden in einer Stadt der Ort, wo alle Geistesgaben sich entfalten konnten, alle Charismen ihren Raum hatten, alle Begabungen zum Wohle aller eingesetzt werden konnten. Hausgemeinde und Ortsgemeinde sind Stätten geisterfüllten Lebens. Hier wurde die neue Geschwisterlichkeit der Familie Jesu konkret, in der alle Schwestern und Brüder mit gleichen Rechten und Pflichten sind. Man war sich auch der Verbundenheit mit christlichen Gemeinden in anderen Städten bewusst. Paulus hat zur Solidarität mit der bedrängten Gemeinde in Jerusalem aufgerufen und Geldspenden für die Armen dorthin gebracht – *universelle Kirche*.

Ekklesia, Gemeinde, Kirche: Das war in den Gemeinden des Paulus immer eine überschaubare Größe mit menschlichem Maß, das war immer ein Gefüge aus Beziehungen und Begegnungen, das war immer eine Gemeinschaft, die sich frei und eigenverantwortlich unter Gottes Willen stellte und von seinem Geist erfüllen ließ zu einer neuen Lebensweise. *Ekklesia*, das war eine Gemeinschaft, die aufgrund ihres dichten Beziehungsgeflechts etwas ausstrahlte, das Außenstehende als attraktiv empfanden. So entstand Kirche, so lebte Kirche am Beginn des Christentums.

Doch schauen wir auf unsere Zeit und die Situation der deutschen Kirche. (Allerdings sind die Gegebenheiten in vielen Ländern der Welt auch nicht anders, so in Frankreich oder Brasilien, Spanien oder Tschechien und in vielen weiteren Ländern mehr.) Es ist zu fragen: Haben die Verantwortlichen in der Kirche den Blick für das Wesen der Gemeinde und des christlichen Zusammenlebens verloren? Denn überall ergibt sich das unbegreifliche Bild: Keine überschaubaren Hausgemeinden mehr, in denen Menschen zum Gebet und zum Herrenmahl zusammenkommen; keine Ortsgemeinden mehr, die eine überschaubare Größe haben. Vielmehr trifft man auf riesige Pfarrstrukturen, unübersichtliche Gemeinden mit einer unvorstellbar hohen Zahl von Mitgliedern. Und als ob das nicht bereits genug wäre: Es gibt Zusammenlegungen und Fusionen, Seelsorgsbereiche, pastorale Räume, Großraumgemeinden und wie die seltsamen Wortschöpfungen für diese Großgebilde noch lauten mögen. Untragbar und unverantwortlich!

Wie können Christen in Gemeinden von manchmal 15000–25000 Menschen oder mehr Gemeinschaft von attraktiver Ausstrahlung pflegen? Wie kann ein Beziehungsnetz aufgebaut werden, wenn solche Gemeindegrößen jedes vernünftige Maß bei weitem übersteigen? Wie können in gewaltigen Kirchenräumen (die allerdings oft weithin leer stehen) Kommunikation und gegenseitiger Rat, Gespräch und Beziehung, Begegnung und gegenseitige Verantwortung gepflegt oder gar neu angebahnt werden? Sind die Kirchen nicht zuletzt deshalb zunehmend leer, weil die Menschen in den Riesengemeinden ihre geistliche Heimat verloren haben?

Als Grund wird dann immer genannt, dass die Priester als Gemeindeleiter fehlen. Und je weniger Gemeindeleiter eingesetzt werden können, desto weniger Gemeinden können bestehen. Ein geradezu abstruses Argument: Was muss denn Vorrang haben – die Gemeinden, in denen Christen zusammenkommen, Umgang miteinander haben, das Herrenmahl feiern und Geschwisterlichkeit pflegen können? Oder die Festlegung auf eine hierarchische und durch Voraussetzungen wie Geschlechtszugehörigkeit und Zölibat äußerst eingeschränkte Leitung? Es ist doch augenscheinlich so, dass es der heutigen Zeit und in den heutigen Kirchenstrukturen eben nicht genug Männer gibt, die diese Voraussetzungen erfüllen oder erfüllen wollen. Und man kann heute auch niemandem mit gutem Gewissen empfehlen, diesen Weg einzuschlagen, wenn man sieht, wie den Priestern immer mehr aufgeladen wird (»unter Beibehaltung seiner bisherigen Aufgaben«, so heißt es in Ernennungen, »wird N.N. zu ... ernannt« – als ob er vorher nicht schon genug Arbeit gehabt hatte). Und man kann den Beruf auch nicht guten Gewissens empfehlen angesichts der

Rechtlosigkeit der Priester gegenüber ihrem Bischof. Es ist eindeutig: In Zukunft werden wir keineswegs die Zahl der Priester haben, die in den Gemeinden nötig sind, und das »Einfliegen« von oft durchaus engagierten »priesterlichen Gastarbeitern« aus Asien und Afrika mit ihrem anderen kulturellen Hintergrund zeigt zwar Weltkirche, löst aber nicht unsere Probleme vor Ort.

Der Priestermangel rechtfertigt in keiner Weise, dass die Gemeinden unter diesem »Konstruktionsfehler« der Kirchenleitung büßen müssen. Was ist denn wichtiger: die Gemeinden und die Feier des Herrenmahls darin oder ein unter bestimmten Voraussetzungen geschichtlich entstandenes Kirchengesetz wie die Zulassungskriterien zum priesterlichen Dienst? Petrus und die anderen Apostel waren verheiratet und sie wirkten als Apostel. Gemeindeleitung ist also bereits unter anderen Voraussetzungen möglich gewesen als in unserer Zeit. Wenn es also heute erforderlich ist umzudenken – und das ist es in der Tat und sehr drängend – dann muss eine Veränderung erfolgen. Alles andere schadet den Gemeinden und ist verantwortungslos gegenüber dem Auftrag Jesu, das Evangelium in alle Welt zu tragen – auch in die deutschen Gemeinden.

Wenn man auf die anderen Kirchen als die katholische schaut: Die orthodoxe Kirche kennt verheiratete Männer als Gemeindeleiter. Und die evangelischen Kirchen kennen durchaus andere Formen von Leitung, mehr synodal geprägte, wobei Männer und Frauen gleichberechtigt sind und von der Verpflichtung auf den Zölibat frei. Es geht doch, es gibt andere *christliche* Traditionen – warum nicht in der katholischen Kirche? Wobei die Tradition der Ostkirche mit verheirateten Priestern sogar kirchengeschichtlich älter ist als die Zölibatsforderung in der katholischen Kirche.

Wenn man auf die Gemeinden des Paulus am Anfang des Christentums schaut, dann muss man fragen: Warum werden heute Gemeinden »geopfert«, nur weil die Priester fehlen? Warum werden vielerorts Jahrhunderte alte Traditionen und Pfarrstrukturen einfach vom Tisch gefegt, wo doch sonst Traditionen in der katholischen Kirche über alles hochgehalten werden? Da werden Gemeinden zusammengeschlossen, die bisher nur wenig miteinander zu tun hatten. Sie werden in Zukunft, da überdimensioniert, in ihrem Gemeindeleben Schaden nehmen, nicht zuletzt deshalb, weil sie »unleitbar« sind, selbst von besten Kräften und mit höchstem Einsatz nicht geleitet werden können, denn die Fülle der Aufgaben übersteigt jedes verantwortbare und leistbare Maß. Da verlieren Menschen ihre kirchliche und religiöse *Heimat*, weil die Kirchenleitung nicht zu einem Umdenken und Neubeginn bereit ist.

Was eigentlich muss noch alles zerstört werden, bevor man zur Besinnung kommt? Wie viele Stimmen aus den Gemeinden, aber auch von Fachleuten, Theologen wie Soziologen, müssen noch laut werden, die warnen und geradezu verzweifelt eine Änderung anmahnen? Wie viele Menschen müssen noch aus der Kirche vertrieben werden und sich anderen, oft seltsamen religiösen Gruppen zuwenden? Wie viele Menschen müssen noch wegen Überforderung zerbrechen? Soll bei uns und in anderen Ländern das Evangelium Jesu Christi untergehen, nur weil die Kirchenleitung starr und unbeweglich auf dem Hergebrachten beharrt und nicht bereit ist, sich den neuen Bedingungen einer sich ständig verändernden Gesellschaft anzupassen? Steht all das nicht der Zukunft im Weg, obgleich es doch die Aufgabe wäre, aus lebendigen Steinen ein Haus der Gemeinde aufzubauen?

Die Gemeinden »verhungern und verdursten«, aber grundlegende Veränderungen sind nicht in Sicht. Dabei ist klar: Weil sich die Gesellschaft ständig und zudem immer schneller verändert, muss sich auch Kirche verändern, sonst bleibt sie als »Museum für mittelalterliche Archäologie« zurück. Nur wer sich verändert, kann sich und seinen Werten treu bleiben. Um es mit einem Bildwort auszudrücken, das der französische Denker und Politiker Jean Jaurès geprägt hat:

»Einer Tradition treu zu sein bedeutet,
der Flamme treu zu sein und nicht der Asche.«

Ist die Kirche also ein Museum, das Asche bewahrt oder eine Gemeinschaft, die ein Feuer lebendig hält? Papst Franziskus sieht diese Alternative sehr deutlich, wenn er in seinem Apostolischen Schreiben »Evangelii Gaudium« vor »schlecht gelebten Aktivitäten und pastoraler Trägheit« warnt. Sie ist seiner Meinung nach u.a. darin begründet, weil Verantwortliche »den wirklichen Kontakt zu den Menschen verloren haben«. Dies hat als Konsequenz eine »Entpersönlichung der Seelsorge, die dazu führt, mehr auf die Organisation als auf die Menschen zu achten« (EG 82). Solche »Entpersönlichung« ist angesichts der unüberschaubaren und den Menschen nicht gemäßen pastoralen Räume und riesigen Pfarrgemeinden zu beklagen.

Der Papst fährt fort: »So nimmt die größte Bedrohung Form an, der ›graue Pragmatismus des kirchlichen Alltags, bei dem scheinbar alles mit rechten Dingen zugeht, in Wirklichkeit aber der Glaube verbraucht wird und ins Schäbige absinkt‹. Es entwickelt sich eine Grabespsychologie, die die Christen allmählich in Mumien für das Museum verwandelt.« Deshalb beharrt der Papst darauf: »Lassen wir uns die Freude der Evangelisierung nicht nehmen!« (EG 83)

Es muss heute darum gehen, die Flamme des Glaubens lebendig zu halten, die Botschaft des Evangeliums, das Bekenntnis zu Christus, der uns den barmherzigen Vater gezeigt hat, die Einbindung in eine Gemeinschaft von Schwestern und Brüdern, die unter diesem einen Vater als gleichberechtigte Glieder des einen Leibes ihr Leben gestaltet. Machen wir uns auf den Weg, Volk Gottes zu sein – aber in unserer heutigen Zeit und im Blick auf die Zukunft, nicht rückwärtsgewandt im Mittelalter.

Paulus hat dies in seiner Zeit und in seinen Gemeinden versucht und gelebt. Er hat den Aufbruch in Neues gewagt – und nur so ist Weltkirche entstanden, das Christentum nicht als kleine jüdische Sekte verkümmert. Doch auch heute gibt es derartige Impulse zu einem zeitgemäßen und lebendigen Glauben. Ein wesentlicher Impuls war das Zweite Vatikanische Konzil mit seinen Beschlüssen, besonders seine Aussagen zu Kirche und den Laien. Dem wenden wir uns nun zu, bevor wir konkrete Punkte heutigen Handelns benennen werden.

Das Volk Gottes

Vom Zweiten Vatikanischen Konzil

Vom Volk Gottes ... zur Monarchie ... zum Volk Gottes – so könnte man die innerkirchliche Entwicklung benennen. Denn es blieb nicht bei den paulinischen Gemeindeformen, in denen Freiheit und Gleichberechtigung aller Glieder die Gemeinschaft prägten, in denen jede und jeder entsprechend der ihm und ihr geschenkten Fähigkeiten und Gaben (Charismen) Dienste zum Wohl aller in der Gemeinde übernehmen konnte, in denen es keine »Herren des Glaubens« gab, sondern die von Gott »Geheiligten«, Berufenen, zum Dienst aneinander und der Welt Beauftragten.

Für Paulus gilt als Grundlage seiner Gemeinden: *Alle* sind vom Geist Gottes erfüllt. Alle haben Geistesgaben, die sie zum Wohl aller einsetzen sollen. Die Gemeinde muss vom Dienst, nicht von Herrschaft bestimmt sein. Nur so kann die Gemeinde ein Zeichen Gottes in der Welt sein.

In den paulinischen Gemeinden gibt es entsprechend den damaligen jüdischen Synagogengemeinden einen Kreis von Ältesten (»presbyteroi«), die den Dienst der Leitung wahrnehmen. Das ist nicht notwendig verbunden mit anderen Diensten wie Predigt, Lehre, Prophetie, Sorge um die Kranken etc.; der Dienst der Leitung steht bei Paulus eher hinter anderen Diensten als Koordinierungsaufgabe, die notwendig, aber nicht vorrangig ist (vgl. die Liste der gemeindlichen Dienste in den Paulusgemeinden in 1 Kor 12,28–30). Ein »Haupt der Gemeinde« erwähnt Paulus nicht, erst im nachpaulinischen Kolosserbrief gibt es diese Formulierung –, aber dort ist mit dem Haupt Christus gemeint. Paulus versteht die Glieder der Gemeinde als Glieder am Leib Christi – keiner darf sich über die anderen erheben, denn jeder ist vom Geist Gottes mit Gaben beschenkt und hat den Auftrag, diese Gaben zum Wohl der Gemeinde und der Welt einzusetzen. Fazit bei Paulus: Es gibt eine »demokratische« Gemeindestruktur, bei der alle gleiche Rechte haben und sich einbringen können – mit ihren je unterschiedlichen Gaben. Dies gilt für Männer *und* für Frauen.

In den paulinischen Gemeinden waren die Ältesten gleichberechtigt. Doch das änderte sich schon gegen Ende des ersten Jahrhunderts. Bereits bei den Paulusschülern, deren Briefe (Eph, Kol, 2 Thess, 1,2 Tim, Tit) im Neuen Testament enthalten sind, wie auch in der anderen Briefliteratur und in ersten frühchristlichen Quellen (etwa 1. Clemensbrief) wird eine Verschiebung deutlich. Aus dem Kreis der gleichberechtigten Ältesten tritt eine Person hervor, die als Vorsteher höhere Kompetenzen hat. Daraus wächst zu Beginn des zweiten Jahrhunderts der »episcopus«, der Aufseher, der parallel zum Verwaltungsaufbau des Römischen Reiches den Vorsitz und die Aufsicht über eine Ortsgemeinde hat.

Das monarchische Amt des *Bischofs* entsteht. Diesem Amt zugeordnet sind zuerst die *Diakone* und *Diakonissen*, die sowohl in der Wortverkündigung wie in sozialen Aufgaben (Dienst an den Armen) tätig sind. Zudem entsteht der Dienst der *Priester*, die den Bischof bei nun ständig größer werdenden Gemeinden in den Außenorten einer Stadt und in den Dörfern rundum vertreten. Dieses nun im zweiten Jahrhundert dreigeteilte Amt zieht zunehmend viele Aufgaben an sich, die noch bei Paulus auf unterschiedliche Gemeindeglieder aufgeteilt waren (entsprechend der Charismen). Mit dem Aufbau einer – in der ersten Zeit noch anfanghaften – pyramidalen Hierarchie (im Neuen Testament gibt es das Wort »hierarchia« = »Heilige Herrschaft« nicht, nur »diakonia« = »Dienst«) wird dann zunehmend auch die Rolle der Frau geringer. Es beginnt eine wachsende Trennung von Amtsträgern (Bischof, Priester und Diakone) und den restlichen Gemeindemitgliedern, die Kirche wird zum Zwei-Klassen-System. Dementsprechend finden sich seit dem dritten Jahrhundert bei den Kirchenvätern Klemens von Alexandrien, Tertullian, Origenes, Cyprian die Begriffe »Klerus« und »Laie«.

Das Wort »Klerus« kommt vom griechischen »kleros« = »Los, Anteil, Erbe« und meint einen aus der Menge herausgenommen Amtsträger. Das Wort »Laie« kommt vom griechischen »laós« = »Volk«, aber auch »Masse, niederes, nicht unterrichtetes, ungebildetes Volk«. Mit diesen Bezeichnungen ist eine Trennung und ein Gegensatz vorprogrammiert, der sich dann auch in der weiteren Kirchengeschichte entwickelte. Das synodale und kollegiale Prinzip der »Ältesten« bei Paulus wird zunehmend durch ein hierarchisches Gefüge in Form einer Pyramide ersetzt, an deren Spitze der Bischof steht, dann die Priester folgen, die Diakone und schließlich – ganz unten – das »ungebildete« und deshalb vom Klerus zu belehrende und zu führende Volk.

Durch die Bedeutung Roms als Ort der vermuteten Apostelgräber von Paulus und Petrus und durch den Weggang des Kaisers von Rom nach Konstantinopel erhielt der Bischof von Rom nicht nur die Stellung als »Patriarch des Abend-landes« parallel zu vier anderen Patriarchen (Alexandria, An-tiochia in Syrien, Konstantinopel und Jerusalem), sondern eine zunehmende Führung innerhalb der Ortskirchen des westlichen Europas. Hinzu kommt die von Rom geförderte Germanenmission, die den Einflussbereich des Bischofs von Rom vergrößert. Ab dem vierten Jahrhundert taucht für den Bischof von Rom, der sich als Nachfolger des Apostels Petrus versteht, der Titel »papa« – Papst auf. In der Zeit der Völkerwanderung schwindet in Rom der Einfluss des nun-mehr oströmischen Kaisers in Konstantinopel; der Bischof von Rom gewinnt – auch aufgrund kraftvoller Persönlich-keiten wie Gregor dem Großen – zunehmend nicht nur geistliche, sondern auch staatliche Gewalt.

Dies führte zu einer wachsenden Zentralisierung der westlichen Kirche (die heutigen Länder Italien, Frankreich, Spanien, England, Irland, Deutschland) unter der Leitung von Rom und dem römischen, nun Papst genannten Bi-schof. Regionale Strukturen und auch Besonderheiten wie etwa unterschiedliche Gottesdienstformen (Riten) werden zugunsten einer einheitlichen Form zurückgedrängt, ein Streben nach Uniformität von Kirche unter der monar-chischen Leitung des Papstes beginnt. Damit aber wird auch die Freiheit der einzelnen Christen und der Ortsge-meinden beschnitten, Gehorsam und Ehrfurcht gegenü-ber den kirchlichen Oberen, besonders dem Papst und den Bischöfen, sind nun die eingeforderten Verhaltensweisen. Dies geschieht zunehmend mit staatlicher Unterstützung: Ab Karl dem Großen (9. Jahrhundert) geht es im Westen um *ein* Reich, *einen* Kaiser, *einen* Glauben, *eine* Liturgie – um Ein-heitlichkeit also und nicht länger um Vielfalt und regionale Besonderheiten.

Nur kurz und deshalb vereinfacht kann hier die weitere Entwicklung geschildert werden. 1054 erfolgte die Trennung von westlicher (römisch-katholischer) und östlicher (orthodoxer) Kirche. Während die orthodoxe Kirche zumindest Teile einer synodalen Struktur behält, wird im Westen der römische Papst von seinem Selbstverständnis her nicht nur zum obersten und absolutistisch regierenden Herrn der Kirche, sondern auch zum Herrn über die staatliche Gewalt, den Kaiser. Dies wird im Investiturstreit zwischen Kaiser und Papst auf die Spitze getrieben. Papst Gregor VII. (1073–1085) schreibt im »Dictatus papae« u.a.: »IX. Der Papst ist der einzige Mensch, dem alle Fürsten die Füße küssen. XII. Er kann Kaiser absetzen. XVIII. Sein Urteil darf von niemandem verändert werden, und nur er kann die Urteile aller abändern. XIX. Er darf von niemandem gerichtet werden.« Deutlicher kann man wohl kaum den Führungsanspruch ausdrücken.

Die Reformation setzt gegen diese Entwicklung eine Rückbesinnung auf die Anfänge und die biblischen Grundlagen christlicher Gemeinden und der Dienste darin. Betont wird das allgemeine Priestertum im Volk Gottes, wie es etwa im ersten Petrusbrief 2,1–10 deutlich wird: »Ihr aber seid ... eine königliche Priesterschaft ... ein Volk, das sein (Gottes) besonderes Eigentum wurde ...« (1 Petr 2,9). Das Amt wird deshalb in den reformatorischen Kirchen nicht von oben definiert (als Auswahl und Weihe von oben nach unten), sondern wie bei Paulus aus den Bedürfnissen der Gemeinde heraus von unten nach oben. Somit hat die einzelne Gemeinde in der evangelischen Kirche bei der Besetzung der Pfarrstellen durch die Beteiligung des Presbyteriums Anteil an der Entscheidung. Den Gemeinden übergeordnete Ämter gibt es auch, aber sie sind in der Regel kollegialen Entscheidungsträgern (Synoden) verpflichtet.

In der römisch-katholischen Kirche wird ab dem Spätmittelalter und stärker nach dem Konzil von Trient (1545–1563) die Kirche nicht vorrangig als geistliche Gemeinschaft (Paulus: »Leib Christi«, vgl. Röm 12,4ff und 1 Kor 12,12ff) gesehen, sondern als rechtlich definierte organisatorische Gestalt. Die Struktur der Kirche als »monarchische Hierarchie« wird als von Gott gegeben in immer präziseren Kanones des Kirchenrechts in eine juridisch-organisatorische Gestalt gefasst, in der dann auch – wegen des »göttlichen Ursprungs« einer solchen Gestalt – keine Veränderungen möglich sind (etwa in der Frage des Frauenpriestertums). Die Kirche ist nun ein absolutistisches System, synodale und kollegiale Strukturen wie etwa in den paulinischen Gemeinden, aber auch in den orthodoxen und reformatorischen Kirchen haben in der römisch-katholischen Kirche keinen Platz mehr. Es gibt nun einen monarchisch strukturierten Herrschaftsverband, bei dem allein die Geweihten, an ihrer Spitze der Papst, eine Rolle spielen. Die Kirche wird zur fixierten, unbeweglichen, nicht veränderbaren Institution, deren Gestalt auf göttliche Weisung oder die Einsetzung durch Christus zurückgeführt wird. Kirche ist allein von der Hierarchie her konzipiert, die Laien haben sich in »Ehrfurcht und Gehorsam« dem geweihten Klerus unterzuordnen.

Der Gegensatz zwischen Klerikern und Laien wird immer größer, im Mittelalter spricht man von »zwei Völkern« in der Kirche. Papst Bonifaz VIII. (1294–1303) sagt: »Die Kleriker sind den Laien feind.« Und Papst Leo XIII. (1878–1903) schrieb 1888: »Tatsächlich ist es feststehende Tradition, dass es in der Kirche aufgrund ihres Wesens wohl unterschiedliche Ordnungen gibt: die Hirten und die Herde, das heißt die Oberhäupter und das Volk. Die erste Ordnung hat die Aufgabe, die Menschen in ihrem Leben zu lehren, zu regieren und ihnen Regeln aufzuerlegen; die andere Ordnung hat die Pflicht, der ersteren untertan zu sein, ihnen zu gehorchen, ihren Weisungen zu folgen und ihnen Ehre zu erweisen.«

Dies ist kurz nach dem Ersten Vatikanischen Konzil (1869–1870) geschrieben; die Frage nach der Struktur der Kirche schien mit diesem Konzil abgeschlossen: Die römisch-katholische Kirche ist eine pyramidal aufgebaute Hierarchie mit dem Papst an der Spitze, der unbeschränkte Jurisdiktionsvollmacht besitzt, also das Recht, universal in jede Ortskirche unmittelbar eingreifen zu können. Unter dem Papst steht das von ihm ernannte Kardinalskollegium, darunter die meist von Rom bestimmten Bischöfe (nur selten vom Domkapitel aufgrund einer Vorschlagsliste des Vatikans gewählt), darunter die Priester und schließlich die Laien, die aber bis zum Zweiten Vatikanischen Konzil in keinem der vorangegangenen Konzilien oder in anderen offiziellen Kirchendokumenten Thema sind. Ihre Aufgabe ist ja »Ehrfurcht und Gehorsam«.

Nach dem Ersten Weltkrieg kommt es vor allem in Frankreich und Deutschland zu neuen Bewegungen, die Impulse auch für das Verständnis von Kirche geben: Liturgische Bewegung, Bibelbewegung, Jugendbewegung. Hinzu kommen die im Zusammenhang mit der Arbeiterbewegung entstandenen Vereine wie Kolping (ab 1849), Katholische Arbeiterbewegung (KAB in der Folge der christlichen Arbeitervereine des 19. Jahrhunderts), Christliche Arbeiterjugend (ab 1924), dazu der Caritasverband (Gründung 1897). Bereits 1848 im deutschen Revolutionsjahr entsteht der Katholische Verein Deutschlands ohne klerikale Leitung als Laienorganisation und dazu der »Katholikentag« als Treffen der katholischen Christen in Deutschland.

Auch in anderen Punkten gibt es Bewegung: Der frühchristliche Dienst des Diakon bzw. der Diakonisse war im Mittelalter untergegangen. Das Diakonat wurde nur als kurze Übergangsstufe innerhalb der Ausbildung zum Priester gesehen. In der evangelischen Kirche hatte der sozial engagierte Theologe Johann Hinrich Wichern (1808–1881) den Diakonat neu belebt (Theodor Fliedern gründete 1836 die erste Diakonissenanstalt in Düsseldorf-Kaiserswerth). In der katholischen Kirche möchte man seit Beginn des 20. Jahrhunderts die Anregung bereits des Trienter Konzils (1545–1563) nach einer Erneuerung des Diakonats aufgreifen. Der katholische Frauenverband Bayern fordert das Diakonat der Frau, das es nachweislich in der alten Kirche gegeben hat.

Die Hierarchie reagiert auf solche Impulse mit Abwehr und mit Vereinnahmung. Zur Laienorganisation »Katholische Aktion«, die besonders in Frankreich wirkte und von Papst Pius XI. (1922–1939) gefördert wurde, sagte Papst Pius XII. (1939–1958): »Die Katholische Aktion ist ein Werkzeug in der Hand der Hierarchie.« Laien werden also als »verlängerter Arm« des Klerus verstanden, die die Arbeit in weltlichen Dingen machen sollen, aber keinerlei Entscheidungsbefugnis haben.

Das ist der Ausgangspunkt des von Papst Johannes XXIII. (1958–1963) einberufenen Zweiten Vatikanischen Konzils (1962–1965). In mehreren seiner insgesamt 16 Beschlüsse spielt das Thema Amt und Laie eine herausragende Rolle:

• Dies ist zuerst die »Dogmatische Konstitution über die *Kirche*«,

• dann das »Dekret über das *Apostolat der Laien*«,

• in geringerem Maß die Dekrete über die »Hirtenaufgabe der Bischöfe in der Kirche« und über »Dienst und Leben der Priester«.

Für die Kirchenkonstitution war von der vorbereitenden Kommission unter dem Kurienkardinal Ottaviani ein Papier vorgelegt worden, das in gewohnter Weise den hierarchischen Aufbau der Kirche beschrieb und schließlich von der »königlichen Gewalt in der Kirche spricht, dem die Untergebenen zum Gehorsam verpflichtet sind«. Unter maßgeblichem Einfluss des Kölner Kardinals Joseph Frings (1887–1978) wurde in der ersten Sitzungsperiode des Konzils (1962) dieses Papier nicht förmlich verworfen, wohl aber eine neue Kommission gewählt, die einen veränderten Text verfassen sollte. Dieser neue Text wurde dann nach langen Diskussionsprozessen und Veränderungen in der dritten Sitzungsperiode (1964) beschlossen.

Wie alle Konzilsentscheidungen ist auch dieser Beschluss ein Kompromiss zwischen den hergebrachten kirchlichen Aussagen und zwischen neuen Akzenten und Impulsen, die durch die Bischöfe der Weltkirche eingebracht wurden. Entscheidend aber ist die Veränderung zu Beginn: Wo Kardinal Ottavianis vorbereitende Kommission von der »kämpfenden Kirche« gesprochen hatte, die hierarchisch strukturiert ist, gibt der Konzilsbeschluss dem Dokument eine doppelte theologische Grundlage, die allen Einzelfragen vorangestellt wird: In den beiden ersten Kapiteln werden die biblischen Bildworte vom »*Leib Christi*« (Paulus) und vom »*Volk Gottes*« (Altes Testament) gleichsam als Überschrift über alles Folgende gesetzt: Nicht die Hierarchie mit dem Papst an der Spitze ist das Erste und Entscheidende, sondern die Anbindung an Christus und die Eingliederung in das Volk Gottes, das gemeinsam unterwegs ist und in das alle Amtsträger der Kirche ebenso eingebunden sind wie die Laien. Hier öffnet sich eine Tür zu einem Verständnis, die Ämter in der Kirche wieder wie in der Anfangszeit in den paulinischen Gemeinden als Dienste an der ganzen Gemeinde/ Kirche zu verstehen. Das dritte Kapitel der Konstitution allerdings greift wieder auf die übliche Beschreibung der hierarchischen Ordnung zurück – die Beschlüsse des Konzils wollten Reformer und Konservative zu einer möglichst großen Abstimmungsmehrheit zusammenbringen.

Im Volk Gottes werden »die Getauften ... zu einem heiligen Priestertum geweiht« (durch Taufe und Firmung, Kirche, Artikel 9). Die Aussage zum allgemeinen Priestertum aller Gläubigen, die sich aus dem ersten Petrusbrief ergibt, steht noch vor Einzelaussagen zu den Ämtern in der Kirche. Doch auch in den folgenden Aussagen ergeben sich Veränderungen zum bisherigen Denken. Die Bischöfe werden nicht länger als Stellvertreter des Papstes vor Ort, als örtliche Repräsentanten des Papstes verstanden. Vielmehr besteht ihre Rolle darin, eigenständige Leiter der jeweiligen Ortsgemeinden zu sein, die ihre Vollmacht nicht vom Papst, sondern durch die Weihe von Gott selbst erhalten. Der Papst wird gesehen als »das sichtbare Prinzip für die Vielfalt von Bischöfen und Gläubigen« (Kirche, Artikel 21).

Zwei praktische Konsequenzen hat das Kirchenpapier: Zum einen werden innerhalb einzelner Länder (etwa Deutschland) oder Sprachgebieten (etwa Lateinamerika) *Bischofskonferenzen* eingerichtet, also das synodale Prinzip in der Kirche neu betont und gestärkt. Zum anderen wird der *ständige Diakonat* als eigenständiger Dienst wiederbelebt – allerdings nur für Männer. Die Forderung aus verschiedenen Teilen der Kirche (u.a. auch von der Deutschen Synode, Beschluss Ämter und Dienste 4.2.1), zum neu geschaffenen Diakonat auch Frauen zuzulassen, wurde von Papst Johannes Paul II. (1978–2005) zurückgewiesen – der Aufbruch des Konzils zu neuen Ufern stieß an seine Grenzen.

Im vierten Kapitel der Kirchenkonstitution und im Dekret über das Apostolat der Laien erscheinen zum ersten Mal in der Geschichte der Kirche und ihrer Konzilien eigene Aussagen über die Laien: »Unter der Bezeichnung Laien sind hier alle Christgläubigen verstanden mit Ausnahme der Glieder des Weihestandes ... die, durch die Taufe Christus einverleibt, zum Volk Gottes gemacht und des priesterlichen, prophetischen und königlichen Amtes Christi auf ihre Weise teilhaftig, zu ihrem Teil die Sendung des ganzen christlichen Volkes in der Kirche und der Welt ausüben« (Kirche, Artikel 31). Und weiter: »Wenn auch einige ... als Lehrer, Ausspender der Geheimnisse und Hirten für die anderen bestellt sind, so waltet doch unter allen eine wahre Gleichheit in der allen Gläubigen gemeinsamen Würde und Tätigkeit zum Aufbau des Leibes Christi ... Die Hirten sollen den übrigen Gläubigen ... dienen, diese aber sollen mit den Hirten und Lehrern zusammenarbeiten«. Und schließlich der entscheidende und vor dem Konzil kaum denkbare Satz: »Der Apostolat der Laien ist Teilnahme an der Heilssendung der Kirche selbst« (Kirche, Artikel 32,2). Das Konzil sagt weiter: »Daher können und müssen die Laien ... eine wertvolle Wirksamkeit zur Evangelisation der Welt ausüben. Einige von ihnen erfüllen beim Mangel an geweihten Amtsträgern ... gewisse heilige Aufgaben stellvertretend« (Kirche, Artikel 35,3). Auf diesen Satz und eine mögliche Konsequenz daraus im Blick auf die Eucharistiefeier kommen wir noch zurück (vgl. Seite 128).

Über das Verhältnis von Laien und Klerikern bestimmt das Konzil: »Die Laien haben die Möglichkeit, bisweilen auch die Pflicht, ihre Meinung in dem, was das Wohl der Kirche angeht, zu erklären ... in Wahrhaftigkeit, Mut und Klugheit ... Die geweihten Hirten aber sollen die Würde und

Verantwortlichkeit der Laien in der Kirche anerkennen und fördern« (Kirche, Artikel 37).

Wertet man die Aussagen des Konzils vor dem Hintergrund der bisherigen Einstellung in der Kirche (s.o.), so muss trotz aller Kompromisse, die in den Beschlüssen durchscheinen, und trotz aller weitergehenden und durchaus berechtigten Wünsche (etwa zur Stellung der Frau) hoch gewertet werden, dass das Konzil zum ersten Mal in der Kirchengeschichte seit Paulus Laien nicht als Objekte behandelt, die von den Amtsträgern behandelt (und leider zu oft misshandelt) werden. Laien sind in der Sicht des Konzils Subjekte kirchlichen Handelns. Weiterhin ist die früher übliche Identifizierung von Kirche mit den Amtsträgern durchbrochen: Kirche ist mehr als eine Hierarchie von Klerikern, sie ist miteinander Volk Gottes, in das auch die Kleriker eingegliedert sind. Die Hierarchie steht also nach Meinung des Konzils nicht über dem Volk Gottes, sondern hat ihr Amt als Dienst am Volk Gottes auszuüben, in das sie eingegliedert ist. Zudem wird durch verschiedene Einzelbeschlüsse das Prinzip einer synodalen und kollegialen Struktur gestärkt, was sich nach dem Konzil auch in verschiedenen Organisationsformen konkretisiert hat: Bischofssynode in Rom, Bischofskonferenzen in den einzelnen Ländern, Diözesanräte/Katholikenräte in den Diözesen, Pfarrgemeinderäte in den Gemeinden mit Orts- und Sachausschüssen. Außerdem entstehen neben dem ständigen Diakonat auch neue Dienste von Laien in der Pastoral der Gemeinden: Pastoral- und Gemeindereferenten und -referentinnen, die je nach Diözese (und der Meinung des dortigen Bischofs) unterschiedliche Dienste bis hin zur Gemeindeleitung übernehmen (allerdings unter Leitung eines Priesters, vgl. im Kirchenrecht Kanon 517, § 2).

Es ist erfreulich und ein Zeichen der Hoffnung, dass nach den beiden eher rückwärtsgewandten Pontifikaten von Johannes Paul II. und Benedikt XVI. unter Papst Franziskus der Aufbruch des Konzils wieder stärker bejaht und gefördert wird – konkrete Realisierungen stehen allerdings noch aus. So formulierte der vatikanische Staatssekretär Pietro Kardinal Parolin (* 1955), gleichsam die rechte Hand des Papstes: »Die Kirche ist kein Ort, an dem es unterschiedliche Klassen von Personen gibt, etwa ›die da oben‹ und ›die da unten‹. Die Kirche ist eine Gemeinschaft, in der alle gleich sind, weil sie getauft sind« (zitiert nach Publik Forum 24,13). Eine so definierte Gleichheit aller Getauften muss allerdings noch in die Rechtspraxis der Kirche umgesetzt werden.

Und der Papst selber spricht in seiner bereits genannten Enzyklika von »einer unaufschiebbaren kirchlichen Erneuerung«: »Ich träume von einer missionarischen Entscheidung, die fähig ist, alles zu verwandeln, damit die Gewohnheiten, die Stile, die Zeitpläne, der Sprachgebrauch und jede kirchliche Struktur ein Kanal werden, der mehr der Evangelisierung der heutigen Welt als der Selbstbewahrung dient« (EG 27). Weiter fordert er, dass »die Räume für eine wirksamere weibliche Gegenwart in der Kirche erweitert werden« (EG 102). Er spricht zwar vom weiterhin »den Männern vorbehaltenen Priestertum« (EG 104), nennt aber an dieser Stelle den Diakonat nicht – ein Raum für weitere Diskussionen und einen Neuansatz (vgl. dazu Seite 125f).

In einem weithin beachteten Interview mit dem Journalisten Eugenio Scalfari, das in der italienischen Tageszeitung »La Repubblica« am 1. Oktober 2013 erschien, verweist der Papst darauf, dass es nicht nur Entscheidungen von oben nach unten (vertikal), sondern auch gemeinsam miteinander (horizontal) geben muss. Seine Ernennung eines achtköpfigen Rates ist für ihn »der Anfang dieser Kirche mit einer nicht nur vertikalen, sondern auch horizontalen Organisation«. Das ist ein deutlicher Rückbezug auf die synodalen und konziliaren Strukturen der frühen Kirche und der paulinischen Gemeinden.

In aller Deutlichkeit kritisiert der Papst in diesem Interview auch Machtstreben und einen narzisstischen Blick von Leitenden auf die eigene Stellung in der Kirche: »Das eigentliche Problem ist, dass die Menschen, die von Narzissmus befallen sind ... Macht besitzen. Häufig sind Führungspersönlichkeiten narzisstisch. Die Oberhäupter der Kirche waren oft narzißtisch, von Schmeichlern umgeben und von ihren Höflingen zum Üblen angestachelt. Der Hof ist die Lepra des Papsttums.« Und weiter: »Wenn ich einen Klerikalen vor mir habe, werde ich auf einen Schlag antiklerikal. Klerikalismus sollte eigentlich nichts mit dem Christentum zu tun haben. Der heilige Paulus ... hat uns das als Erster gelehrt.«

Das Zweite Vatikanische Konzil setzte also einen neuen Anfang, es blickt nach vorn, will Aufbruch und Neubeginn. Papst Johannes XXIII. sagte 1960 zu Beginn der Arbeit der Kommission Liturgie: »Die katholische Kirche ist kein archäologisches Museum. Sie ist der alte Dorfbrunnen, der das Wasser den heutigen Generationen ebenso spendet, wie er es denen der Vergangenheit getan hat.« Ein anderer, oft überlieferter Ausspruch dieses trotz seines kurzen Pontifikats wohl bedeutendsten Papstes des 20. Jahrhunderts lautet: »Es gilt, die Fenster der Kirche weit aufzumachen, um frische Luft hereinzulassen ... Vom Konzil erwarte ich einen frischen Luftzug. Es gilt, den kaiserlichen Staub, der sich seit Konstantin auf den Stuhl des heiligen Petrus abgesetzt hat, abzuschütteln.«

Wie kann dieser Wunsch des Papstes nun – fünfzig Jahre nach dem Konzil – verwirklicht werden? Was können mutige und selbstbewusste Christinnen und Christen tun, um das Feuer des Evangeliums lebendig zu halten, die Gemeinschaft der Kirche in neuen Zeiten fortzuführen?

Im weiteren Verlauf wird vor allem auf folgende Dokumente des Konzils Bezug genommen, die wie folgt abgekürzt werden:
Liturgie = Konstitution über die heilige Liturgie
Kirche = Dogmatische Konstitution über die Kirche
Laien = Dekret über das Laienapostolat

Mutchristen

Von Widerstand und Aufbruch

»Ich bin ihm offen entgegengetreten« – so schreibt Paulus im Galaterbrief rückblickend auf seine Auseinandersetzung mit Kephas/Petrus (Gal 2,11) in der syrischen Hafenstadt Antiochia. Es gab also Zoff zwischen den beiden »Säulen« des jungen Christentums – zwischen dem einfachen Fischer Simon Petrus vom See Gennesaret und dem weltgewandten jüdischen Gelehrten Paulus aus Tarsus.

Worum ging es bei dem Streit? Es ging um nichts weniger als um eine Existenzfrage der jungen Christenheit: Kann sich die junge Kirche aus dem Umfeld des Judentums lösen und davon unabhängig in einer anderen, der hellenistischen Kultur des Mittelmeerraumes verwurzeln oder nicht? Bleibt das Christentum *jüdische Sekte* oder wird es zur *Weltkirche*? Der Streitpunkt ist die Verbindlichkeit der jüdischen Tora mit ihren Gesetzen und Vorschriften auch für Heidenchristen, die nur ohne den Umweg über das Judentum zur Taufe bereit waren. Bereits beim Apostelkonzil in Jerusalem führten solche Grundsatzfragen zu einer Auseinandersetzung zwischen Paulus und seinen Mitarbeitern auf der einen Seite und der Jerusalemer Urgemeinde unter Jakobus und Petrus, die verständlicherweise eng mit dem

Judentum verbunden waren, auf der anderen. Es gab beim Apostelkonzil (etwa um das Jahr 49 oder 50 n. Chr.) eine Entscheidung zugunsten der offenen Missionspraxis des Paulus – demnach konnten Heiden *ohne* vorherige Konversion zum Judentum (damit ohne Einhaltung der jüdischen Gesetzesvorschriften und ohne Beschneidung) getauft werden.

Doch der Konflikt zwischen den beiden Richtungen, der bewahrenden, traditionalistischen Jerusalemer Gemeinde (Schlüsselfigur: Petrus) und der offenen Richtung einer missionarischen Kirche für alle Völker (Schlüsselfigur: Paulus) ging weiter. Es ist der alte Konflikt zwischen einer Haltung, die am Bisherigen ohne Änderung festhalten will, und einer Haltung, die sich neuen Herausforderungen stellt und deshalb Veränderungen will.

Der Konflikt entzündete sich in Antiochia, das nicht nur bedeutende Hafenstadt im östlichen Mittelmeerraum war, sondern auch ein Zentrum antiker Bildung. Ähnlich wie in Korinth waren die christlichen Hausgemeinden dieser Stadt von ihrer Herkunft gemischt: Es gab die aus dem strengen Judentum kommenden *Judenchristen*, die vehement an der Verbindlichkeit der jüdischen Tora für *alle* Christen festhalten wollten, und es gab die *Heidenchristen*, die nicht einsahen, sich den jüdischen Bräuchen wie Beschneidung und Speisegeboten zu unterwerfen. Und mittendrin Paulus und, aus Jerusalem kommend, Petrus.

Die Streitfrage war nicht so unbedeutend, wie es auf den ersten Blick vielleicht erscheinen mag. Denn die Zukunft der jungen Kirche im Völkergemisch des Römischen Reiches stand auf dem Spiel. Kann die Mission der Kirche Erfolg haben und was ist dazu nötig? Für die Judenchristen und Petrus war das Bewahren der bisherigen »wahren Lehre« entscheidend, für die Heidenchristen und Paulus die Offenheit für neue Herausforderungen und deshalb auch die Veränderung der bisherigen Praxis. Für Paulus also ging es in diesem Streit nicht um eine Randfrage, sondern um alles oder nichts. Es ist für ihn auch die Frage des Römerbriefes (in dem er später sein Denken zusammenfasste): Was macht den Menschen gerecht – der Glaube allein oder die Werke der Tora? Für Paulus ist die Antwort eindeutig.

Und mittendrin steht Petrus, der in der Jerusalemer Urgemeinde zu den Säulen (Gal 2,9), zu den »Angesehenen« (Gal 2,2) gehört. Er wird hier – anders als in der Apostelgeschichte (Apg 15), aber ähnlich wie in den Evangelien – als wankender, sich opportunistisch gebender Mann gekennzeichnet, der schnell den Beschwerden der einen Seite nachgibt, ohne auf die andere Rücksicht zu nehmen. Also kein »Fels des Glaubens« (Mt 16,18), sondern ein «schwankendes Schilfrohr« (Ez 29,6).

Paulus greift Petrus mit einer Schärfe an, die nur vor dem Hintergrund verständlich ist, dass es hier um die Kernfrage seiner Arbeit in der Heidenmission geht. Für Paulus hat sich Petrus »ins Unrecht gesetzt«, er »fürchtet die Beschnittenen«, er ist »unaufrichtig«, er hat teil an »der Unaufrichtigkeit der Juden« und schließlich die Spitze: »Petrus und die anderen Judenchristen weichen von der Wahrheit des Evangeliums ab« (Gal 2,11–14). Schlimmer gehts nimmer.

Was war passiert? Petrus war in die Gemeinde von Antiochien zu Besuch gekommen. Ganz selbstverständlich hatte er dort Tischgemeinschaft mit den Heidenchristen – Herrenmahl für Judenchristen und Heidenchristen gemeinsam mit anschließendem gemeinsamen Mahl (Agape). Nach strengen jüdischen Regeln ging er das Risiko ein, sich unrein zu machen. Einige Glieder der Urgemeinde kommen aus Jerusalem hinzu; sie sind dem Herrenbruder Jakobus, dem streng orthodoxen Leiter der Jerusalemer Gemeinde verbunden. Sie machen Petrus Vorwürfe wegen seiner Praxis einer Tischgemeinschaft mit den Heiden(christen) – Petrus gibt ihnen sofort nach (»schwankendes Rohr«) und zieht sich aus der Gemeinschaft mit den Heiden zurück.

Für Paulus war das ungeheuerlich. Das Verhalten des Petrus bedeutete nicht nur eine erhebliche Störung der in Antiochia geübten Tischgemeinschaft zwischen Juden- und Heidenchristen, sondern war ein Bruch der Vereinbarung des Apostelkonzils. Paulus konnte diese Haltung des Petrus nicht akzeptieren, deshalb tritt er ihm *öffentlich* bei einer Gemeindeversammlung entgegen, um die aus seiner Sicht gefährdete Zukunft der Kirche zu retten.

Im Galaterbrief wird nicht erzählt, wie die Sache weitergegangen ist. Man muss deshalb schließen, dass sich Paulus dort nicht durchgesetzt hat – sonst hätte er es wohl erwähnt. Allerdings gilt das wohl nur für Antiochia, nicht für die anderen Gebiete und Gemeinden des Mittelmeerraumes, die von Paulus gegründet wurden. Die Frage nach der Bedeutung der Tora für Christen kam auch dort auf, wurde aber im Sinne des Paulus entschieden.

Man kann fragen, welche Bedeutung diese alte Geschichte, dieser Konflikt am Beginn der Kirche für uns heute hat. Ist das nicht alles Vergangenheit ohne Relevanz für uns? In der Sache vielleicht ja, aber nicht im Grundsätzlichen, wie in der Kirche mit Konflikten umgegangen werden muss. In Antiochia (ähnlich vorher beim Apostelkonzil in Jerusalem) stand die traditionelle Ordnung gegen eine notwendige Freiheit. Es stand die *Rückwärtsgewandtheit* einer eher kleinen Gruppe, zu der aber die »Säulen« der jungen Kirche gehörten (also letztlich die obersten Amtsträger, obwohl es Ämter im heutigen Sinn noch gar nicht gab) gegen die *Freiheit* der großen Zahl neuer Gemeinden. Es stand Vergangenheit (Entstehung der Kirche aus dem Judentum, aber auch Beschränkung auf das Judentum) gegen die Zukunft (Weltkirche von Menschen aus allen Völkern in der Freiheit der Kinder Gottes). Paulus schreibt um das Jahr 53 im Galaterbrief: »Zur Freiheit hat uns Christus befreit. Bleibt daher fest und lasst euch nicht von neuem das Joch der Knechtschaft auflegen ... Ihr seid zur Freiheit berufen, Brüder« (Gal 5,1.13).

Thomas von Aquin (1224–1274), der wohl bedeutendste Theologe des Mittelalters, schreibt in seinem Kommentar zum Galaterbrief zum antiochenischen Zwischenfall zwischen Paulus und Petrus: »Aus dem Gesagten also haben wir ein Beispiel, die Prälaten ein Beispiel der Demut, dass sie sich nicht scheuen, sich von Geringeren und Untergebenen korrigieren zu lassen; die Untergebenen aber haben ein Beispiel des Eifers und der Freiheit, dass sie sich nicht scheuen, die Prälaten zu korrigieren, besonders dann, wenn das Verbrechen öffentlich ist und die Tendenz hat, vielen zur Gefahr zu werden.« Natürlich gab es am Anfang der Kirche noch keine Prälaten (Inhaber höherer kirchlicher Ämter), aber Thomas hat Recht, wenn er Petrus als Vertreter des kirchlichen Amtes versteht und Paulus mit der Freiheit des Christen in Verbindung bringt, die Amtsträger zu korrigieren.

Paulus lebte mitten in solchen Konflikten. Er hat darunter gelitten. Aber er hat mit Mut und Ausdauer seine Linie konsequent verfolgt. Und ohne diese konsequente Haltung des Paulus gäbe es das Christentum in seiner heutigen Form als Gemeinschaft des Volkes Gottes unter allen Völkern nicht. Paulus scheute den Konflikt selbst mit den höchsten Autoritäten der frühen Kirche nicht, mit den Leitern der Jerusalemer Urgemeinde, mit Jakobus und Petrus. Wir können sagen: Paulus war der erste *Mutchrist*.

Aus seinem Konflikt kann man für die Kirche (und natürlich auch für die Gesellschaft, die Arbeitswelt, die Vereine ...) schließen:

• Jede Zeit hat ihre Konflikte, auch jede Zeit der Kirche. Das ist normal und geht angesichts der Verschiedenheit von Menschen auch gar nicht anders. Es wird immer einen Streit um die Wahrheit, den rechten Weg, um richtiges Verhalten und um Ziele und Werte geben.

• Die Wahrheit aber und der richtige Weg liegt – das zeigt sich im Galaterbrief an Petrus – keineswegs immer bei den Autoritäten, die eine Gemeinschaft leiten. Weil man »oben« ist, hat man noch lange nicht automatisch Recht. Doch genau das ist die Praxis vieler Autoritäten, auch in der Kirche, nicht zu hören und gemeinsam zu suchen, sondern aus der Überzeugung, die Wahrheit gepachtet zu haben, autoritär von oben herab zu bestimmen und jegliche andere Meinung zu unterdrücken.

• Jeder Christ, jede Christin hat deshalb nicht nur das Recht, sondern auch die Pflicht, seine Meinung zu sagen und wo immer und gegen wen auch immer Kritik zu üben. Das Zweite Vatikanische Konzil hat dies mehrfach bestätigt: »Aus dem Empfang der Charismen ... erwächst jedem Glaubenden das Recht und die Pflicht, sie in Kirche und Welt zum Wohl der Menschen und zum Aufbau der Kirche zu gebrauchen« (Laienapostolat 3). »Christus ... erfüllt ... sein prophetisches Amt nicht nur durch die Hierarchie ... sondern auch durch die Laien« (Kirche 35). »Die Laien aber haben die Möglichkeit, bisweilen auch die Pflicht, ihre Meinung in dem, was das Wohl der Kirche angeht, zu erklären ... immer in Wahrhaftigkeit, Mut und Klugheit ...« (Kirche 37).

- Jeder Christ, jede Christin trägt Verantwortung für die Zukunft der Kirche. Diese Verantwortung aber kann nicht ausgeübt werden durch lammfrommes Gehorchen gegenüber der Kirchenautorität (»Kirchenschaf«), sondern durch mutiges und entschlossenes Auftreten um der Sache, der Zukunft der Kirche willen (»Mutchrist«).

In den letzten Jahren haben zwei Schriften Aufsehen erregt, die erste in ganz Europa, die zweite im deutschsprachigen Raum. Darin wird genau die Haltung, die wir als »Mutchrist« bezeichnen, eingefordert – dort nicht für die Kirche (mit der haben die Autoren wohl nichts zu tun), sondern auf die gesamte Gesellschaft bezogen:

– Der französische Résistance-Kämpfer, Überlebender des Konzentrationslagers Buchenwald, Diplomat, Philosoph und Schriftsteller Stéphane Hessel (1917–2013) schreibt die kleine Schrift »*Empört euch*«. Es ist ein Aufruf zum mutigen Auftreten, zum friedlichen Widerstand gegen die Ungerechtigkeiten in unserer Gesellschaft, zum Aufbruch und Neubeginn. Andere Schriften dieses Autors sind: »An die Empörten dieser Erde« und »Vom Protest zum Handeln«.

– Die beiden Wiener Philosophen Eugen Maria Schulak und Rahim Taghizadegan schreiben einen »Pfad zum mündigen Bürger« in ihrem Buch »*Vom Systemtrottel zum Wutbürger*«.

Angesichts der kritischen Lage der Kirche nicht nur in unserem Land und angesichts der Reformverweigerung der kirchlichen Autoritäten, angesichts auch der veränderten gesellschaftlichen Situation brauchen wir mehr denn je eine grundlegende Neuausrichtung der Kirche insgesamt, aber auch der einzelnen Ortskirchen (Bistümer) und der Gemeinden. Für eine solche Veränderung auf die leitenden alten Männer der Kirche zu setzen, wäre Selbsttäuschung. Von den meisten der kirchlichen »Würdenträger« geht wohl kaum ein neuer Geist, kaum ein Reformimpuls aus. Wie auch, wenn die Bischofsauswahl der vergangenen dreißig Jahre nur von einer ganz bestimmten Denkrichtung und Systemkonformität bestimmt war. Gewiss, es gibt immer wieder Ausnahmen, Papst Johannes XXIII. war eine solche und auch Papst Franziskus schneidet so manchen alten Zopf ab, soweit man das bisher beurteilen kann. Aber die meisten kirchlichen Amtsträger verstehen doch jegliche Kritik als Majestätsbeleidigung und verfolgen eher die Kritiker (besonders, wenn es kirchliche Angestellte oder Kleriker sind), als dass sie sich den Anfragen stellen. Von der Leitungsebene ist kaum eine Erneuerung zu erwarten.

Daran ändert auch der sogenannte *Dialogprozess* nichts, der in der deutschen Kirche in den letzten drei Jahren abgelaufen ist und bei dem (von oben ausgewählte) Laien mit den Bischöfen verschiedene Themen angesprochen haben. Abgesehen davon, dass dieser Dialogprozess etwa im Bistum Köln abgebrochen wurde, erscheint er auch insgesamt eher als Feigenblatt, wo jahrelang geredet, aber nichts konkret realisiert, verändert und verbessert wird.

Was wir brauchen, sind also *Mutchristen*, die sich entsprechend des Aufrufes von Hessel »empören« über die Zustände in der Kirche und die Blockade jeglicher Veränderung. Was wir brauchen, sind Menschen, die vom innerkirchlichen »Systemtrottel« zum dem Beispiel des Paulus folgenden »Wutbürger« werden, oder entsprechend dem Titel dieses Buches: »*Nicht Kirchenschafe, sondern Mutchristen*«.

Von den Oberen, den »Hirten«, wird an dieser Stelle immer auf den Gehorsam verwiesen, den die »Herde« den Hirten schuldet. Das wird dann manchmal noch mit einem Zitat aus dem Neuen Testament untermalt, etwa in der Spätschrift eines Paulusschülers:»Erinnere sie daran, sich den Herrschern und Machthabern unterzuordnen und ihnen zu gehorchen« (Tit 3,1). Dabei wird allerdings übersehen, dass es in solchen Stellen immer um die Unterordnung unter die staatliche Gewalt oder um Gehorsam im sozialen Bezug geht, etwa: »Ihr Sklaven, gehorcht euren Herren mit Furcht und Zittern« (Eph 6,5). Gehorsam in der Kirche ist dagegen immer Gehorsam Gott gegenüber (Apg 5,29: »Man muss Gott mehr gehorchen als den Menschen«) oder Christus gegenüber (1 Petr 1,13–14: »Setzt eure Hoffnung ... auf die Offenbarung Christi ... Seid gehorsame Kinder«). Von einem Gehorsam gegenüber kirchlichen Autoritäten ist im ganzen Neuen Testament nirgendwo die Rede – wie auch, wenn sich das kirchliche Amt erst zur Zeit der neutestamentlichen Spätschriften langsam entwickelte. Wohl aber geht es um Gehorsam der Christen gegenüber dem Evangelium und seiner Botschaft – das ist das, was Paulus im Römerbrief als »Gehorsam des Glaubens« (Röm 1,5) bezeichnet. Auch am Ende des Briefes spricht Paulus vom Gehorsam der Christen Christus, unserem Herrn, gegenüber.

Gehorsam also ist zwar im familiären, gesellschaftlichen und staatlichen Bereich angebracht, aber in der Kirche spielt Gehorsam nach dem Zeugnis des Neuen Testaments keine Rolle! In der Kirchengeschichte aber wurde zunehmend der Gehorsam kirchlichen Amtsträgern gegenüber als Ableitung des Gehorsams Gott gegenüber eingefordert: Weil Christen Gott Gehorsam zu leisten haben (unbestritten), müssen sie auch den ja von Gott bestimmten Autoritäten gehorsam folgen – hier beginnt die Herde Jesu Christi zu »Kirchenschafen« zu werden.

Vor allem für das Verhältnis des Bischofs zu den Klerikern seiner Diözese ist die Gehorsamspflicht auch kirchenrechtlich präzise benannt. Bereits bei der Priesterweihe fragt der

Bischof den Kandidaten: »»Versprichst du mir und meinen Nachfolgern Ehrfurcht und Gehorsam?« Im Konfliktfall kommen Bischöfe auf dieses Versprechen zurück. Was die Laien betrifft, so ergibt sich ihr Gehorsam den kirchlichen Autoritäten gegenüber aus der allgemeinen »Überordnung der Hirten« über die Herde. Erst in den Beschlüssen des Zweiten Vatikanischen Konzils findet ein Umdenken statt: Alle, Kleriker wie Laien, sind zuerst einmal Glieder des Volkes Gottes, des Leibes Christi. Erst nach dieser grundsätzlichen Einordnung, die allem vorausgeht, werden die kirchlichen Ämter als *Dienste* an der Gemeinschaft bezeichnet, die zum Wohle aller wirken sollen. Natürlich gibt es – wie in jeder Gesellschaft – dann auch unterschiedliche Entscheidungsbefugnisse entsprechend der jeweiligen Aufgaben.

Gehorsam aber in der Gemeinschaft der gleichwertigen (wenn auch mit unterschiedlichen Aufgaben betrauten) Schwestern und Brüder unter dem einen Vater kann nur verstanden werden als *dialogischer Gehorsam*: als eine gegenseitige Akzeptanz und als ein gegenseitiges Hören aufeinander. Loyalität schulden Christen und Christinnen Gott und Christus und der Botschaft des Evangeliums, nicht aber fehlbaren Menschen. Bei Gehorsam in der Kirche geht es also allein darum, sich gegenseitig in der Deutung des Evangeliums für unsere Zeit und in der Suche nach einem richtigen Weg zu unterstützen. Jeder Christ, ob Mann oder Frau, ob Amtsträger (Diener) oder Laie, ob hoch oben oder ganz unten darf den Mut zur Veränderung haben und auch in die christliche Gemeinschaft und nach außen tragen. Jede und jeder darf und soll *Mutchrist* sein. Nichts anderes braucht die Kirche in unserer Zeit.

Hinzu kommt ein weiterer Aspekt: Papst Gregor der Große (*540, Regierungszeit 590–604) hat den Satz geprägt:

»Was alle angeht, soll von allen entschieden werden.« Die Zukunft der Kirche geht *alle* Christen an, gleich in welcher Funktion und in welchem Dienst sie stehen. So tragen auch alle miteinander Verantwortung als Volk Gottes und Glieder am Leib Christi und müssen dementsprechend in weit höherem Maß an Entscheidungen beteiligt werden – dies gilt für jede Ebene der Kirche. Darauf dürfen Christen pochen: Wir sind betroffen – also entscheiden wir auch mit.

Mutchristen – der erste war wohl Paulus. Doch es gibt in der Geschichte der Kirche immer wieder Menschen, Frauen wie Männer, die gegen alle Widerstände und oft auch gegen die kirchliche oder staatliche Autorität Werte des Evangeliums vertreten haben. Manche von ihnen mussten Verfolgung bis zum Tod erleiden, andere aber wurden – mit einigem zeitlichen Abstand – sogar zu Heiligen der Kirche erklärt. Vier solcher Mutchristen werden im Folgenden als Beispiele engagierten Christseins benannt (aber es ließen sich bereits unter den offiziell heiliggesprochenen Frauen und Männern noch viel mehr nennen, von anderen nicht offiziell Heiligen einmal ganz abgesehen):

• *Mutchrist Bartolomé de Las Casas:* Der 1484 geborene Kaufmannssohn nahm ab 1502 an der Kolonisierung Mittelamerikas durch die Spanier teil und wurde selbst zum Land- und Goldminenbesitzer mit einer großen Zahl sklavenähnlich gehaltener Arbeiter aus der einheimischen Bevölkerung auf den karibischen Inseln Santo Domingo und Kuba. Las Casas ließ sich 1510 zum Priester weihen – dies war die erste Priesterweihe auf amerikanischem Boden. Seine Einstellung zu den einheimischen Sklaven veränderte sich auch als Feldkaplan zunächst nicht. Erst nach einem Massaker an der einheimischen Bevölkerung kam es zu einer »Bekehrung«. Er gab seine Finca auf und trat in den Dominikanerorden ein, um zusammen mit einigen anderen aufgeschlossenen Ordensbrüdern gegen die Unterdrückung und Ausbeutung der Menschen in den spanischen Kolonien zu protestieren.

Las Casas fuhr zurück nach Spanien und berichtete am Königshof von der Situation der Indios, doch wurde er dort ausgelacht, denn die Indios seien doch nur primitive Götzendiener, die der höheren Menschenrasse der Spanier zu dienen hätten. Las Casas gab nicht auf, er verfasste Streitschriften, er fühlte sich durch Gottes Geist angetrieben, zu protestieren und immer wieder die Stimme zu erheben. Schließlich wurde er vom König zum »Beschützer aller Indios« ernannt und 1537 verordnete Papst Paul III., dass Mission nicht mit Zwang geschehen dürfe und die Sklaverei zu ächten sei. Doch die Kolonisten aus der »Neuen Welt« warnten den spanischen König, dass bei Aufheben der Sklaverei kein Gold mehr nach Spanien geliefert werden könne. So drängte der König den Papst und der widerrief sein Schreiben. Las Casas war inzwischen Bischof der mexikanischen Provinz Chiapas geworden.

Zum Lebensende kehrte er nach Spanien zurück, verbittert über seinen Misserfolg angesichts der staatlichen und kirchlichen Macht, doch immer noch voller Elan als Schriftsteller gegen die kolonialen Verbrechen seines Landes: »Jesus Christus wird dort tausendmal gekreuzigt«. 1566 starb Bartolomé de Las Casas.

• *Mutchristin Mechthild von Magdeburg:* Die 1208 bei Magdeburg geborene Frau trat 1228 den Magdeburger Beginen bei, einer klosterähnlichen Gemeinschaft von Frauen. Sie ist vor allem als Mystikerin bekannt, als ein Mensch mit besonderen spirituellen und religiösen Erfahrungen. Bereits als zwölfjähriges Mädchen hatte Mechthild lichterfüllte Visionen einer unbegreiflichen und geheimnisvollen Gotteserfahrung. Als Mystikerin suchte sie während ihres ganzen Lebens nach Gott und machte immer wieder die Erfahrung einer persönlichen Erleuchtung. In der Beginengemeinschaft traf sie auf gleichgesinnte Frauen, die keine Ordensleute waren, sondern engagierte und spirituell ausgerichtete Laien.

Solche Laienbewegungen der Beginen (Frauen) und Begarden (Männer) wurden von der Amtskirche mit Misstrauen betrachtet: Wie können Laien ohne Hilfe von geweihten Priestern und ohne die Leitung von Bischöfen zur Gottesschau und zum Heil kommen – wird dadurch nicht die Kirchenstruktur überflüssig? Mechthild wurde von den Domherren ihrer Heimatstadt heftig angegriffen. Die Mystikerin konterte nicht weniger heftig und warf den Domherren Faulheit und Ausplünderung der armen Leute vor. Sie scheute nicht vor einer kräftigen Sprache zurück und nannte ihre Gegner »stinkende Böcke« und nach dem Wort Jesu über die Pharisäer »übertünchte Gräber«: »Ihr seid wie die Gräber, die außen weiß angestrichen sind und schön aussehen; innen aber sind sie voll Knochen, Schmutz und Verwesung« (Mt 23,27).

Doch die Domherren hatten das Sagen in der Stadt, sie vertrieben Mechthild aus der Stadt. Sie trat in das Zisterzienserinnenkloster Helfta bei Eisleben ein und fand in der dortigen Oberin, Gertrud von Helfta, eine Gesinnungsgenossin. Das Kloster Helfta wurde durch diese beiden Frauen zu einem geistigen Zentrum für ganz Deutschland. Hier verfasste Mechthild auch verschiedene Schriften – die ersten Texte der Mystik in Deutschland. Mechthild machte darin den Menschen Mut: Ihr könnt die Liebe Gottes auch ohne die Vermittlung von kirchlichen Autoritäten erfahren, ohne kirchliche Zwischeninstanzen, die wie die Magdeburger

Domherren nur nach Macht und Reichtum streben. Mecht-hild ließ sich auch in Situationen der Bedrängnis nie den Mund verbieten, immer gestaltete sie eigenständig und selbstverantwortlich ihr Leben *und* ihren Glauben. 1282 starb sie in Helfta.

• *Mutchrist Friedrich (von) Spee:* Der 1591 in Kaiserswerth bei Düsseldorf geborene Jesuit wirkte in vielen Bereichen; er war Dichter und Schriftsteller – viele Kirchenlieder auch in heutigen Gesangbüchern gehen auf ihn zurück. Er war ebenso Seelsorger wie Wissenschaftler (Professor für Mo-raltheologie in Paderborn). In Trier arbeitete er sowohl als Lehrer an der Hochschule wie auch als Krankenhaus- und Gefängnisseelsorger. 1635 starb er dort bei der Pflege von Pestkranken.

Bedeutsam wurde Spee aber durch einen anderen Ein-satz. Als Seelsorger kam er immer wieder auch mit Men-schen am Rand der Gesellschaft zusammen. Darunter waren auch Frauen, die als sogenannte Hexen zum Tod auf dem Scheiterhaufen verurteilt wurden. Wahrscheinlich hat Spee in seinem Wirken zwischen Paderborn, Köln und Trier auch einige dieser Frauen auf ihrem letzten Weg begleitet. Sol-che Frauen waren in der Regel durch Folter zum Geständnis gezwungen worden, dass in ihnen teuflische Kräfte wir-ken. Dann hatte man einen guten Grund, sie hinzurichten. Spee wandte sich 1631 in seiner Schrift »Cautio Criminalis« (»Rechtliches Bedenken« gegen die Hexenprozesse) als Ers-ter gegen die Praxis solcher Verfahren und gegen Folter als Rechtsmittel. Sein Buch musste anonym erscheinen, weil selbst sein Jesuitenorden ihn in diesem Punkt nicht unter-stützen wollte und die Gefahr bestand, dass er mit seiner Fürsprache für Hexen nun selber als Hexer angeklagt und zum Tod verurteilt wurde. Spee machte deutlich, dass man durch intensive Folter jeden Menschen zu jedem Geständnis bringen könne: »Wenn die Prälaten und Kirchenlehrer gefoltert werden, werden die feinen Herren auch gestehen.« Alle durch Folter erzwungenen Geständnisse und alle durch solche Geständnisse erwachsenen Verurteilungen sind schreiendes Unrecht. Trotz persönlicher Gefährdung setzte sich Friedrich Spee mutig für Menschen ein, die brutal und ungerecht behandelt wurden: ein *Mutchrist*.

• *Mutchristin Teresa von Avila:* Die 1515 im spanischen Avila geborene Teresa ist vor allem als Mystikerin bekannt. In vielen hundert Briefen, die erhalten sind, und in zwei Büchern wird ihr innerer Weg zu einer Begegnung mit Gott erkennbar. Ihre Frage war zeitlebens bis zu ihrem Tod 1592 in Alba, wie ein Mensch zur Einheit mit Gott gelangen kann. Aus ihren eigenen Erfahrungen heraus zeichnete sie einen Weg auf, der von außen nach innen geht und nach Sammlung und Ruhe zu einem Zustand führt, in dem alles Ich und alle Welt aufgelöst ist im Licht Gottes. Sie fasste diesen Weg zusammen mit dem bekannten Wort: »Gott allein genügt.« Ihr mystischer Weg ähnelt dem der Mystiker in allen Religionen, die durch eine Loslösung vom Äußeren zu einem inneren Licht kommen.

Doch Teresa – und das wird bei aller Wertschätzung oft übersehen – war auch eine kämpferische Frau, die sich für die Reform von Kirche und ihrem Orden mit aller Kraft einsetzte – dabei allerdings auf heftigen Widerstand der Mächtigen stieß. Sie war als junge Frau in den Orden der Karmeliterinnen in Avila eingetreten. Dieses Kloster war weniger ein Ort des Gebetes und des Dienstes am Menschen als eine luxuriöse Versorgungsstätte für unverheiratete Frauen des Adels. Der ursprüngliche Impuls dieses Ordens, als die ersten Karmelitermönche im 12. Jahrhundert als arme Eremitenmönche auf dem Berg Karmel in Israel lebten, war verlorengegangen. Teresa versuchte eine Reform ihrer klösterlichen Gemeinschaft, scheiterte aber damit.

So begann sie 1562 mit dem Aufbau einer reformierten Karmelitergemeinschaft, die sie wegen des Verzichtes auf alles Überflüssige – auch auf Schuhwerk – »Unbeschuhte Karmeliterinnen« nannte. Teresa fand schnell Frauen, die in gleicher Weise dachten – doch dann kam der Widerstand der Amtskirche: Der Ordensgeneral der Karmeliter verfügte die Auflösung der Reformklöster. Der päpstliche Nuntius in Spanien verfolgte Frauen, die zu Teresa hielten. Und die Inquisition ließ Gleichgesinnte ins Gefängnis werfen. Teresa aber gab nicht auf und erreichte – wie durch ein Wunder – dass ihre strenge Gemeinschaft 1580 durch Papst Gregor XIII. anerkannt wurde. In Teresa begegnen wir also einer starken Frau, die sich gegen alle innerkirchlichen Widerstände und gegen die kirchlichen Machthaber durchsetzte – sie war eine *Mutchristin*.

Noch auf viele solcher Männer und Frauen können wir verweisen. In je eigener Weise waren es auch Franz von Assisi und Klara von Assisi, Meister Eckhart und Katharina von Siena und viele andere mehr. Doch solche Mutchristen gibt es auch in unserer Zeit, Menschen, die für Reformen kämpfen, die Veränderungen wollen, wo Ungerechtigkeit und Not herrschen, die sich nicht mit dem zufrieden geben, was ist, sondern von einer besseren Zukunft, einer gerechteren Welt und auch einer menschenfreundlicheren Kirche träumen und für ihre Träume kämpfen.

Angesichts der vielschichtigen Probleme der Kirche in Deutschland (und Europa) brauchen wir *Mutchristen* und *Mutchristinnen*, die wie Johannes XXIII. Fenster öffnen und frischen Wind hereinlassen. Mutchristen, die nicht in Kadavergehorsam konfliktscheu und lammfromm der braven Herde folgen, sondern die die Kraft zum Widerstand und den Mut zum Aufbruch haben. Menschen, die das Wort des zweiten Timotheusbriefes (4,2) in unsere Zeit übertragen: »Verkünde das Wort, tritt dafür ein, ob man es hören will oder nicht; weise zurecht, tadle, ermahne, in unermüdlicher und geduldiger Belehrung.«

Mutchristen und -christinnen können sich dabei auch auf den heutigen Papst berufen, der schreibt: »Das Zweite Vatikanische Konzil hat die kirchliche Neuausrichtung dargestellt als die *Öffnung für eine ständige Reform* ihrer selbst aus Treue zu Jesus Christus« (EG 26). Und weiter: »Die Seelsorge unter missionarischem Gesichtspunkt verlangt, das bequeme pastorale Kriterium des ›Es wurde schon immer so gemacht‹ aufzugeben. Ich lade alle ein, wage*mutig* und kreativ zu sein in dieser Aufgabe, die Ziele, die Strukturen, den Stil und die Evangelisierungs-Methoden der eigenen Gemeinden zu überdenken ... Ich rufe alle auf, großzügig und *mutig* die Anregungen dieses Dokuments aufzugreifen, ohne Beschränkungen und Ängste« (EG 33).

Gefordert sind für die Zukunft der Kirche also Menschen, die gerade aus Loyalität der Kirche gegenüber mutig und kreativ einen neuen Aufbruch wagen. Dies geschieht im Bewusstsein, dass alle Getauften Glieder am Leib Christi und Mitglieder des Volkes Gottes sind. Dies geschieht unter Berufung auf das eigene Gewissen, das nach der Lehre der Kirche ja immer die letzte Entscheidungsinstanz eines jeden Einzelnen ist. Die Kirche braucht, um in einer veränderten gesellschaftlichen Situation überleben zu können, einen »katholischen Frühling« – und der erfordert *Mutchristen* und *Mutchristinnen*.

Im Gefängnis des Glaubens

Von Fundamentalisten und anderen Plagen

»*Der Buchstabe tötet* – der Geist aber macht lebendig«, so schreibt Paulus im zweiten Korintherbrief (3,6) im Zusammenhang mit seinem apostolischen Dienst an der jungen Gemeinde in Korinth. Paulus bezeichnet diese Gemeinde als »einen Brief« (2 Kor 3,3), durch den man ablesen kann, wie der »Geist des lebendigen Gottes« wirkt. Und nur wenige Zeilen später konkretisiert Paulus das Wirken des Geistes: »Der Herr aber ist der Geist, und wo der Geist des Herrn wirkt, da ist *Freiheit*« (2 Kor 3,17).

Für Paulus war der Aufbau der christlichen Gemeinden im östlichen Mittelmeerraum immer auch ein Kampf um die Freiheit von jüdischer Gesetzlichkeit (vgl. Seite 29ff). Er hatte erkannt, dass der Mensch nicht durch seine Werke vor Gott gerechtfertigt wird und das Heil erlangt, sondern allein durch den Glauben, durch das Vertrauen auf Gottes Barmherzigkeit und Güte. Das jüdische Gesetz, das von der Jerusalemer Urgemeinde und darin auch von Jakobus und Petrus als wichtig auch für Christen eingeschätzt wurde, ist für Paulus Nebensache, menschliches Stückwerk, das nicht weiterhilft. All die kleinliche Beachtung von Speisegeboten, von Sabbatruhe, der 248 Gebote (damals vermutete Zahl menschlicher Knochen) und 365 Verbote (Zahl der Tage in einem Jahr) engen nach Paulus den Menschen nur unnötig ein und lassen ihn auf sein eigenes Wirken, auf sein peinlich genaues Beachten des Gesetzeswerkes vertrauen, statt sein Vertrauen auf Gott selbst und seinen Christus zu setzen. Das aber ist für Paulus unannehmbar und so formuliert er im Streit um den Genuss von Opferfleisch aus heidnischen Tempeln: »Warum soll meine Freiheit vom Gewissensurteil eines anderen abhängig sein? ... Nehmt mich zum Vorbild, wie ich Christus zum Vorbild nehme« (1 Kor 10,29; 11,1).

Das Vorbild des Paulus ist das Handeln Jesu, der im Zusammenhang mit dem am Sabbat verbotenen Abreißen von Kornähren seinen Gegnern widerstand: »Der Sabbat ist für den Menschen da, nicht der Mensch für den Sabbat« (Mk 2,27). Also: Die (Sabbat-)Gesetze sind für den Menschen da, sollen den Menschen fördern und nicht einengen. Am Sabbat darf deshalb auch ein kranker Mensch geheilt und zu neuer Freiheit geführt werden: Jesus heilt eine verkrümmte und deshalb behinderte Frau am Sabbat (Lk 13,10–17). Die Freiheit, die sich Jesus im Blick auf das jüdische Gesetz nahm (am Beispiel Sabbat dargestellt), wird von Paulus für die jungen christlichen Gemeinden übernommen: Es geht immer um den Menschen, nicht um die unkritische und einengende Beachtung religiöser Gebote. Der Mensch hat Vorrang und die Diener (Ämter) in der Kirche sind allein »für die Menschen bestellt« (Bischofsmotto des Kölner Kardinals Joseph Frings, 1887–1978) und nicht für kirchliche und andere Gesetze und den Erhalt von Strukturen.

»Von der Freiheit eines Christenmenschen«, so lautet der Titel einer Denkschrift von Martin Luther aus dem Jahr 1520. Luther bezieht sich dabei auf Paulus und dessen Vorstellung von der Freiheit eines Menschen. Damit ist kein willkürliches oder egoistisches Verhalten gemeint, sondern ein Leben aus der Verantwortung für andere: Leben in Freiheit durch den Dienst am anderen. Luther schreibt:

»Damit wir gründlich können erkennen, was ein Christenmensch sei und was es sei um die Freiheit, die ihm Christus erworben und gegeben hat, davon Sankt Paulus viel schreibt, will ich diese zwei Sätze aufstellen:

Ein Christenmensch ist ein freier Herr über alle Ding
und niemand untertan.

Ein Christenmensch ist ein dienstbarer Knecht aller Ding
und jedermann untertan.«

Freiheit, Verantwortung, Dienst, selbstständige Entscheidung statt Gehorsam gegenüber von Menschen gemachten Gesetzen und Regeln – das ist die von Paulus und Luther eingeforderte Haltung eines jeden Christen. Eine großartige Vision des Menschen, der vertrauensvoll vor Gott steht und dann in Verantwortung und Freiheit zum Dienst an den Menschen bereit ist. Welch eine befreiende Botschaft des Evangeliums an die, die in vielfältiger Knechtschaft leben (im Bild gesprochen: an die »gekrümmte« Frau, die von Jesus geheilt wird).

Doch rund um die befreiende Botschaft des Evangeliums ist im Laufe der zwanzig Jahrhunderte Kirchengeschichte ein Gitterwerk von Gesetzen, Vorschriften, Riten und Brauchtum entstanden – meist sind diese Dinge aus ihrer Zeit und Kultur zu verstehen, aber notwendig sind sie für christlichen Glauben keineswegs. So vieles gibt es im Gesamtgefüge von Kirche und Glaube, was nicht »Kind des Evangeliums« ist, sondern Kind einer späteren Zeit. Vieles hat sich äußerlich um den Kern des Evangeliums gelegt, was vielleicht einmal verständlich und sinnvoll war, heute aber vielen Menschen unserer veränderten Zeit und Kultur den Zugang zum inneren Kern des Evangeliums verhindert: Da steht oftmals eine Tradition über dem Evangelium.

Springen wir von Paulus und Luther in unsere Zeit. Wir können in den christlichen Kirchen immer deutlicher verschiedene Richtungen wahrnehmen. Neben den wenig oder gar nicht Engagierten, denen eh alles egal ist, finden wir zwei gegensätzliche Strömungen:

• *Aggiornamento:* Dieses italienische Wort wurde zu Beginn des Zweiten Vatikanischen Konzils von Papst Johannes XXIII. gebraucht, um die Aufgabe des Konzils zu bestimmen: Es sollte die Kirche in der heutigen Zeit, Kultur, Gesellschaft neu verankern, es sollte die Kirche – so die Übersetzung – »auf den heutigen Stand bringen«. So gibt es viele in der Kirche, Einzelpersonen wie Gruppen, die es für unerlässlich halten, dass die Kirche sich wandelt, um den veränderten Menschen einer sich ständig wandelnden Gesellschaft gerecht zu werden. Sie verweisen zu Recht darauf, dass es solche Wandlungen immer wieder gegeben hat – der Theologe Hans Küng nennt dies Paradigmenwechsel: vom judenchristlichen Paradigma des Anfangs zum hellenistischen der ersten Jahrhunderte, dann später in der Westkirche der Wechsel zum mittelalterlichen, lateinischen Paradigma, am Beginn der Neuzeit zum reformatorisch-protestantischen Paradigma ... Die Kirche braucht als Aggiornamento und, um ihr Überleben in einer veränderten Situation zu ermöglichen, ein neues Paradigma, das unserer heutigen Zeit und heutigen Menschen entspricht: Die Gesetze, Regeln, Denkweisen und Aussageformen der Kirche sind für den Menschen da, nicht umgekehrt. Dafür kämpfen viele.

• *Fundamentalisten:* Sie berufen sich auf ein nicht veränderbares »Fundament« des Glaubens und der Kirchenordnung und wenden sich – oft laut und heftig – gegen jede

Veränderung, die sie als Aufweichung des Ursprünglichen verstehen (wobei zu fragen ist, was sie als Ursprung verstehen). Allein die Rückbesinnung auf die Vergangenheit ist erlaubt, alles andere wird intolerant bekämpft – oft mit unlauteren Mitteln. Dabei definieren Fundamentalisten diese Grundlage des Glaubens und der Kirchenordnung sehr selektiv und unkritisch.

Fundamentalistische Gruppen werden oft auch als traditionalistische Gruppen oder als erzkonservativ bezeichnet; die Formulierungen sind schwammig, aber gemeint ist immer eine bestimmte Geisteshaltung. Der Begriff »Fundamentalismus« taucht zum erstenmal am Beginn des 20. Jahrhunderts in Amerika auf und meinte damals eine biblizistische Denkrichtung, die jede historisch-kritische Untersuchung der Bibel verweigerte und vom unveränderbaren und unfehlbaren Wort der Bibel nicht nur in Glaubensfragen, sondern auch in naturwissenschaftlichen Aussagen überzeugt war und ist (etwa Erschaffung der Welt durch Gott in sechs Tagen). In vielen Bundesstaaten in der Mitte und im Süden der USA (Bible Belt) sind solche fundamentalistischen Ansichten auch heute noch gang und gäbe (dort oft auch mit »evangelikal« bezeichnet).

Fundamentalistische Gruppen gibt es nicht allein im Christentum. Auch im Islam (Islamisten, Wahabisten) und im Judentum (Ultraorthodoxe) gibt es solche Strömungen, ebenso im Hinduismus (Hindutva) und im Buddhismus (etwa durch politisch engagierte buddhistische Mönche in Sri Lanka). Solche Gruppen – gleich in welcher Religion – vertreten oft militant und aggressiv einen Alleinanspruch auf die Wahrheit und stellen deshalb eine Gefahr für den innergesellschaftlichen Frieden wie auch für den Frieden zwischen den Völkern dar.

Was macht eine fundamentalistische Haltung aus? Fünf Punkte lassen sich benennen:

• Fundamentalisten berufen sich auf ein unveränderbares Fundament: auf die Bibel, den Koran, den Glauben in den Formulierungen einer bestimmten Zeit (etwa die Piusbrüder auf die Beschlüsse des Konzils von Trient [1545–1563] und die daraus folgende Liturgie des Römischen Messbuchs von 1570), auf die Kirchenstruktur ... – ein solches Fundament kann unter keinen Umständen aufgegeben werden; jede kritische Anfrage zeugt von »Unglauben und Bosheit«, ist »mangelnder oder falscher Glaube«.

• Fundamentalisten haben ein wörtliches und ahistorisches Bibelverständnis: Jede historisch-kritische Untersuchung der Bibel (bei Muslimen des Korans) ist unzulässig, weil die Bibel (der Koran) Wort für Wort von Gott offenbart wurde und deshalb auch im Wortsinn und ohne jede Änderung zu verstehen ist. Fundamentalisten reißen oft auch einzelne Bibelzitate aus ihrem Zusammenhang, um damit etwas »biblisch« zu begründen.

• Fundamentalisten haben für ihr religiöses und gesellschaftliches Leben klare Regeln, die unumstößlich auch in veränderten Zeiten gelten. Ihr Verhalten ist normiert und stellt sich nicht auf neue Herausforderungen ein. Sie verstehen ihre Tradition als einen Schatz, der unversehrt zu bewahren und keiner Veränderung zugänglich ist. Fundamentalismus kann deshalb als Gegenbewegung zur Moderne verstanden werden.

• Fundamentalisten verstehen ihre »Wahrheit« als die allein richtige. Alle anderen Meinungen sind falsch und müssen deshalb offensiv bekämpft werden. Toleranz anderen Meinungen gegenüber ist für sie das Übel von Relativismus und Beliebigkeit.

- Fundamentalisten sind oft geprägt von einem dualistischen Verständnis: Es gibt nur schwarz oder weiß, gut oder böse, richtig oder falsch. Jede differenzierte Betrachtung von Menschen und Gesellschaften, von Verhaltensweisen und Werten, ist für sie nicht vereinbar mit ihrem Wahrheitsanspruch.

»Fundamentalismus«, so formuliert in Anlehnung an Immanuel Kant der Politikwissenschaftler Thomas Meyer (*1943), »ist der selbstverschuldete Ausgang aus den Zumutungen des Selberdenkens, der Eigenverantwortung ... in die Sicherheit und Geschlossenheit selbsterkorener absoluter Fundamente«. In einem meist nach außen auch abgeschotteten Milieu bestärken sich die Mitglieder einer fundamentalistischen Gruppe gegenseitig; zugleich überwachen sie sich aber auch gegenseitig auf Abweichungen von der einen, wahren Linie hin. Fundamentalistische Gruppen sind deshalb nach innen und nach außen rücksichtslose Kollektive; aber sie bieten ihren Mitgliedern innerhalb klarer und nicht veränderbarer Regeln Sicherheit und Geborgenheit. So können sie sich als Gemeinschaft der »Erwählten«, der aus der Masse »Herausgehobenen« verstehen und eine scharfe Grenze zwischen »Wir« und »Ihr« ziehen, zwischen Gut und Böse. Fundamentalisten bestreiten, dass historische, kulturelle und gesellschaftliche Entwicklungen irgendeinen Einfluss auf ihr Verständnis von Religion und Glauben oder auf ethische und moralische Werte haben kann. Toleranz und Pluralismus sind für sie Teufelswerk.

Diese Aussagen gelten mehr oder weniger für fundamentalistische Strömungen in allen Religionen. Wie sieht es nun mit diesen Strömungen in der katholischen Kirche aus? Das soll am Konzil von Trient, am Antimodernismus und an einzelnen Gruppierungen festgemacht werden:

- Das *Konzil von Trient* (Tridentinum, 1545–1563) war die verspätete römisch-katholische Reaktion auf die reformatorischen Anfragen. Die Zielsetzung war von Anfang an umstritten: Kaiser Karl V. (ab 1516 spanischer, ab 1519 römisch-deutscher König, 1530 vom Papst zum Kaiser gekrönt, Regierungszeit bis 1556) wollte angesichts des Auseinanderfallens seines »Heiligen Römischen Reiches Deutscher Nation« in katholische und protestantische Gebiete ein Reformkonzil, das die Einheit von Reich und Glaube wiederherstellt. Das Konzil begann auch durchaus mit dem Bemühen um Reformen, aber in den Sitzungsperioden nach Karls Tod 1558 gewannen zunehmend konservative Kräfte Einfluss, die gegen den Ansturm der Reformation das »Bollwerk einer Gegenreformation« setzen wollen. So schreibt das Konzil in einer bis dahin nicht gekannten Fülle von Einzelheiten vor, wie Kirchenstruktur, Sakramentenspendung, Eucharistiefeier zu gestalten sind. Kind dieses Konzils ist auch das 1570 herausgegebene Römische Messbuch, das bis zur Liturgiereform nach dem Zweiten Vatikanischen Konzil in der gesamten römisch-katholischen Kirche verpflichtend war.

Das Trienter Konzil ist für unser Stichwort Fundamentalismus insofern von Bedeutung, als hier kein Aufbruch erfolgte, die anstehenden Fragen einer Reform der Kirche nicht angemessen beantwortet wurden, sondern eine fundamentalistische Festlegung auf einen antireformatorischen Kurs stattfand. Deshalb wundert es auch nicht, dass sich nach dem Reformkonzil des Zweiten Vatikanums innerkirchliche Gruppen bildeten, die allein die Beschlüsse des Trienter Konzils gelten lassen wollen: Hier ist allein das Fundament christlichen Glaubens, die wahre Gestalt der Kirche und die ordnungsgemäße Feier des Gottesdienstes zu finden. Es ist allerdings zu fragen, warum man, wenn man sich schon auf die Ursprünge besinnen will, im 16. Jahrhundert hängen bleibt und nicht wirklich ganz an den Anfang, bis zu den ersten Gemeinden in Jerusalem und in den paulinischen Missionsgebieten zurückgehen will.

Bereits kurz nach dem letzten Konzil wandte sich eine 1966 in Rom gegründete Gruppe »Una voce« (»mit einer Stimme« – nämlich der lateinischen Sprache) gegen die vom Konzil erlaubte Verwendung der Muttersprache im Gottesdienst. Seit 1990 ist in Deutschland eine Untergruppe tätig, die in ihrem Namen bereits ihr Programm ausdrückt: »Pro Missa Tridentina« (»für die tridentinische Messe«): Es geht dabei vor allem um die Verwendung des Lateins in der Liturgie, weil Latein ja die »heilige Sprache der Christen« sei und mit einer einheitlichen lateinischen Liturgie in besonderer Weise die Weltkirche ausgedrückt wird. Hier ist zu fragen, wenn schon »heilige Sprache«, warum dann nicht Griechisch, die Sprache des Neuen Testaments, oder Hebräisch, die »heilige Sprache« der Juden, oder Aramäisch, die Sprache Jesu? Und wenn man Weltkirche in der Liturgie zeigen will, müsste man dann in der heutigen Zeit nicht Englisch wählen oder Spanisch (Lateinamerika) oder vielleicht in Zukunft Chinesisch?

Wichtiger als die Gruppe »Una voce« (die nach wie vor tätig ist, zuletzt mit einem Kongress in Köln 2012) ist in der öffentlichen Diskussion aber die 1970 von Marcel Lefebvre (Erzbischof von Dakar, 1905–1991, ab 1988 exkommuniziert) gegründete »Bruderschaft St. Pius X.«, meist »Piusbrüder« genannt. Lefebvre hat am Konzil teilgenommen, den ersten Beschluss des Konzils zur Reform der Liturgie hat er sogar bejaht, aber das Dekret über den Ökumenismus und besonders die Erklärungen über die nichtchristlichen Religionen und die Religionsfreiheit hat er bereits im Konzil vehement abgelehnt. Diese Texte gelten Lefebvre und seiner Bruderschaft als modernistische Verfälschungen des wahren Glaubens: »Wegen des Abfalls vom Glauben, der in Rom herrscht, müssen wir mit ansehen, wie die Seelen in Massen der Hölle zustreben ... Der Atheismus beruht auf der Erklärung der Menschenrechte« (Lefebvre in einer Predigt 1990 in Ecône). Scharf wandte sich Lefebvre gegen den interreligiösen Dialog (etwa gegen das Weltgebetstreffen 1986 in Assisi). Religionsfreiheit kann seiner Meinung nach nur für die wahre Religion, also für die römisch-katholische, nicht aber für andere Konfessionen und Religionen gelten. Der weltanschaulich neutrale Staat wird abgelehnt, stattdessen findet sich bei den Piusbrüdern eine Nähe zu rechtsextremen Auffassungen bis hin zur Holocaustleugnung und zum Antisemitismus des Piusbruders Bischof Richard Williamson. Doch selbst Lefebvre schreibt 1985 an Papst Johannes Paul II.: »Die Feinde der Kirche sind Juden, Kommunisten und Freimaurer.« Und der deutsche Leiter der Bruderschaft, Franz Schmidtberger, schreibt noch 2008 an die deutschen Bischöfe: »Die Juden unserer Tage ... sind des *Gottesmordes* schuldig, solange sie sich nicht durch das Bekenntnis der Gottheit Christi und durch die Taufe von der Schuld ihrer Vorväter distanzieren.«

Die Piusbrüder und manche ähnliche Gruppierungen sind die schlimmsten Auswüchse eines auf »katholischem Boden« gewachsenen Fundamentalismus. Sie sind rückständige Fanatiker, die versuchen, ihre Meinung in der Kirche durchzudrücken (Rücknahme der Beschlüsse des Zweiten Vatikanischen Konzils und Rückkehr zu den Beschlüssen und der Liturgie des Tridentinums).

• Doch sie können sich – leider – durchaus auf manchen

Trend auch in der Amtskirche berufen, etwa auf den *Antimodernismus*, der in der zweiten Hälfte des 19. Jahrhunderts und zu Beginn des 20. Jahrhunderts die katholische Kirche prägte. Im »Syllabus Errorum« (»Zusammenstellung von Irrtümern«, 1864) wandte sich Papst Pius IX. (1846–1878) gegen gesellschaftliche Veränderungen der Moderne, besonders gegen Reformen zur Durchsetzung der Menschenrechte, gegen Presse- und Meinungsfreiheit und gegen rechtliche und soziale Gleichheit aller Menschen einer Gesellschaft (Prinzip der Hierarchie und der Über- und Unterordnung in Gesellschaft wie in der Kirche). Bereits sein Vorgänger Gregor XVI. (1831–1846) hatte 1831 geäußert: »Aus der höchst abscheulichen Quelle des Indifferentismus fließt jene widersinnige und irrige Auffassung bzw. vielmehr Wahn, einem jedem müsse die Freiheit des Gewissens zugesprochen werden.« Und Pius IX. setzt das im Syllabus fort: »Es wird folgender Satz verurteilt: Der Römische Bischof kann und soll sich mit dem Fortschritt, mit dem Liberalismus und mit der modernen Kultur versöhnen und anfreunden.« Wenn man dies liest, wird deutlich, welch große Veränderung Papst Johannes der XXIII. mit seinem Aggiornamento in die Kirche eingebracht hat.

Der Antimodernismus hat die Kirche von 1864 bis zum Konzilsbeginn 1962 geprägt. Doch seit der letzten Sitzungsperiode des Konzils 1965 gibt es eine nicht dogmatische sondern pastorale Konstitution über die »Kirche in der Welt von heute«: Die Kirche ist für die Menschen in der heutigen Zeit und Kultur bestimmt. Die Kirche versteht sich nicht länger als unveränderlich über der Welt stehend mit dem Recht, Weisungen zu geben und Gehorsam einzufordern, sondern sie sieht sich mitten unter den Menschen (nicht nur den Getauften); es geht nicht um Verdammung und

Ausschluss anderer Meinungen, sondern um Gespräch und gegenseitiges aufeinander Hören, es geht um Dialog, nicht um Defensive. Deshalb richtet sich diese Konstitution als erste eines Konzils auch nicht allein an katholische Christen, sondern an alle Menschen, denen die Kirche nach dem Beispiel Christi dienen will. Wahrlich ein epochaler Umbruch und eine Rückbesinnung auf den Ursprung.

Dieser Umbruch führte in den 1970er-Jahren zu einem Aufbruch von Kirche und Gemeinden. Doch sammelten sich ab den 1980er-Jahren auch Gruppierungen am rechten Rand der Kirche, die teilweise bereits zu früherer Zeit gegründet wurden (wie Opus Dei 1928; Legionäre Christi und Regnum Christi 1941), teilweise als Reaktion auf das Konzil entstehen (wie die Piusbrüder 1970). Solche Gruppen sind in unterschiedlicher Weise von fundamentalistischen Elementen geprägt, sie radikalisieren sich am rechten Rand der Kirche. Manche sind kirchlich anerkannt wie die »Petrusbruderschaft«, die 1988 als weniger extreme Gemeinschaft aus den Piusbrüdern hervorging, andere außerhalb der Kirche.

Manche sind eher abstrus wie das 1949 in Innsbruck gegründete »Engelwerk« (»Opus Angelorum«) und der damit zusammenhängende »Kreuzorden«, die auf Visionen der Tirolerin Gabriele Bitterlich (1896–1978) über Engel zurückgehen. Andere bezeichnen sich als geistliche Gemeinschaften wie etwa die 1938 von der Belgierin Julia Verhaeghe gegründete und 2001 sogar päpstlich anerkannte »Geistliche Familie Das Werk«, sind aber eher als sektenähnliche Gruppierungen am Rand der Kirche zu verstehen. Aus Protest gegen die Übernahme der Konzilsbeschlüsse innerhalb der Deutschen Pfadfinderschaft St. Georg gründeten 1976 einige Mitglieder die »Katholische Pfadfinderschaft Europas« (KPE). Mit dieser Gruppierung verbunden ist die 1994 vom

Vatikan anerkannte Ordensgemeinschaft »Diener Jesu und Mariens« (SJM). Sowohl KPE wie SJM wird Bibelfundamentalismus, Antisemitismus und Zwang in der Glaubensvermittlung vorgeworfen.

Die Haltung der Kirche gegenüber solchen Gruppen am rechten Rand ist schwankend. Meist sind diese Gruppen irgendwann von Rom anerkannt worden. Dann schweigt die Amtskirche zu ihren Aktivitäten, solange nicht ein öffentlicher Druck (wie bei dem Piusbruder Richard Williamson mit seiner Leugnung des Holocaust) eine Distanzierung erfordert. Manche dieser Gruppen werden auch von einzelnen Bischöfen gefördert, die solchem Gedankengut selber nahestehen. Auf der anderen Seite gibt es auch Kritik und Verurteilungen bis hin zur Exkommunikation (etwa der Piusbrüder, die ohne Zustimmung Roms die Bischofsweihe spendeten oder erhielten).

Wie sind solche – sich meist recht fromm gebenden – Gruppen am Rand der Kirche zu bewerten? Joseph Ratzinger (später Papst Benedikt XVI.) schrieb wenige Jahre nach dem Konzil als Theologieprofessor in Tübingen im Band »Das neue Volk Gottes« in aller Klarheit: »Selbstgemachter und so schuldhafter Skandal ist es, wenn unter dem Vorwand, die Unabänderlichkeit des Glaubens zu schützen, nur die eigene Gestrigkeit verteidigt wird. Selbstgemachter und so schuldhafter Skandal ist es auch, wenn unter dem Vorwand, die Ganzheit der Wahrheit zu sichern, Schulmeinungen verewigt werden, die sich einer Zeit als selbstverständlich aufgedrängt haben, aber längst der Revision und der neuen Rückfrage auf die eigentliche Forderung des Ursprünglichen bedürfen.« In der Tat, wenn schon Rückblick und Orientierung an einer vergangenen Zeit, dann Rückblick auf den wirklichen Ursprung unseres Glaubens.

Papst Franziskus denkt in ähnlicher Richtung, wenn er schreibt (EG 43): »… die Kirche kann dazu gelangen, einige, nicht direkt mit dem Kern des Evangeliums verbundene, zum Teil tief in der Geschichte verwurzelte Bräuche zu erkennen, die heute nicht mehr in derselben Weise interpretiert werden … Haben wir keine Angst, sie zu revidieren! … Der heilige Thomas von Aquin betonte, dass die Vorschriften, die dem Volk Gottes von Christus und den Aposteln gegeben wurden, ›ganz wenige‹ sind … Die von der Kirche später hinzugefügten Vorschriften sind mit Maß einzufordern, ›um unsere Religion nicht in eine Sklaverei zu verwandeln, während die Barmherzigkeit Gottes wollte, dass sie frei sei‹. Diese Warnung, die vor einigen Jahrhunderten gegeben wurde, besitzt eine erschreckende Aktualität.« Wahrlich: »Wo der Geist des Herrn wirkt, da ist *Freiheit*« (2 Kor 3,17).

Weiterhin warnt der Papst (EG 94f): »… es gibt einige, die sich anderen überlegen fühlen, weil sie bestimmte Normen einhalten oder weil sie einem gewissen katholischen Stil der Vergangenheit unerschütterlich treu sind. Es ist eine vermeintliche doktrinelle oder disziplinarische Sicherheit, die Anlass gibt zu einem narzisstischen und autoritären Elitebewusstsein, wo man, anstatt die anderen zu evangelisieren, sie analysiert und bewertet und, anstatt den Zugang zur Gnade zu erleichtern, die Energien im Kontrollieren verbraucht … Bei einigen ist eine ostentative Pflege der Liturgie, der Lehre und des Ansehens der Kirche festzustellen, doch ohne dass ihnen die wirkliche Einsenkung des Evangeliums in das Gottesvolk und die konkreten Erfordernisse der Geschichte Sorgen bereiten. Auf diese Weise verwandelt sich das Leben der Kirche in ein Museumsstück oder in ein Eigentum einiger weniger.«

Die fundamentalistischen Gruppen am Rand der Kirche sind meist zahlenmäßig klein, betreiben aber über Zeitungen und vor allem das Internet eine intensive und effiziente Öffentlichkeitsarbeit. Bestes Beispiel ist die inzwischen aufgrund von Vorwürfen der Volksverhetzung eingestellte Internetseite »kreuz.net« (im Netz von 2005 bis 2012). Hier fanden sich rechtsextreme, antisemitische ebenso wie islamfeindliche Äußerungen, die auch staatliche Stellen zum Eingreifen bewegten (Verfassungsschutz, Staatsanwaltschaften). Da die Seite anonym geführt wurde, war eine strafrechtliche Verfolgung erschwert. Doch konnte im August 2013 von der österreichischen Polizei bei zwei Priestern der Rechner von kreuz.net sichergestellt und gegen die beiden ermittelt werden. Dem Internetportal kreuz.net steht das traditionalistische Fernsehportal »gloria.tv« nahe. Papst Franziskus beschreibt solches Verhalten: »Es tut mir weh, ... dass sogar unter gottgeweihten Personen Platz ist für verschiedene Formen von Hass, Spaltung, Verleumdung, üble Nachrede, Rache, Eifersucht und den Wunsch, die eigenen Vorstellungen um jeden Preis durchzusetzen bis hin zu Verfolgungen, die eine unversöhnliche Hexenjagd zu sein scheinen« (EG 100).

Die hier genannten Gruppierungen sind nur Beispiele für viele Gruppen, die am Rand der Kirche (innerhalb wie außerhalb) fundamentalistisch und traditionalistisch tätig sind. Leider ist die Haltung der Kirchenleitung sowohl auf der Ebene der Weltkirche (vgl. das Bemühen von Benedikt XVI. um Annäherung an die Piusbrüder) wie auch auf Ortsebene in den einzelnen Bistümern nicht konsequent und oft auf Abwiegelung bedacht. Es gibt auch unter den Bischöfen Stimmen, die von der kleinen, aber rechtgläubigen Herde sprechen, und auf die große Mehrheit des Kirchenvolks lieber verzichten würden. So finden solche Gruppen oft Gehör bei den Kirchenoberen, Reformgruppen dagegen nicht. Was aber brauchen wir um der Zukunft der Kirche willen?

• *Wir brauchen eine klare Einsicht* bei allen, die Verantwortung in der Kirche tragen, dass die Zukunft der Kirche nicht im traditionalistischen und fundamentalistischen Blick zurück auf irgendeinen Punkt der Vergangenheit (etwa das Konzil von Trient) liegt, sondern in einer Besinnung auf den dreifachen Ursprung von Kirche:

– auf die *Gründungsgestalt* Jesus Christus und seine menschenfreundliche, nicht einengend oder befehlende, sondern befreiende und deshalb Mut machende Praxis;

– auf die *Gründungsgemeinschaft*, wie sie sich uns vor allem in den Gemeinden des Anfangs (besonders der Gründungen durch Paulus) zeigt mit ihrer nicht in Gesetzlichkeit gefangenen, sondern alle Charismen von Frauen und Männern integrierenden Praxis;

– auf die *Gründungsurkunde* der Christen, die Bibel, besonders das Neue Testament als ein vielstimmiges, nicht einheitliches Werk, das vielschichtig entsprechend der Verschiedenheit der Menschen von dem einen Geheimnis des Glaubens kündet.

• *Wir brauchen einen klaren Blick* für die Zukunft der Menschen, um als Gemeinschaft der Brüder und Schwestern Jesu sein Evangelium in neue Zeiten zu tragen. Dies bedeutet den Blick zurück auf den eigenen Ursprung hin, aber mehr noch den Blick nach vorn. Nur das gibt der Kirche eine Perspektive für die Zukunft. So sagte der evangelische, von den Nazis hingerichtete Pfarrer Dietrich Bonhoeffer (1906–1945): Die Ehrfurcht vor der Vergangenheit und die Verantwortung für die Zukunft geben für das Leben die richtige Hoffnung.

- *Wir brauchen ein klares Bekenntnis* von allen, die Verantwortung in der Kirche tragen, zum Aufbruch, der im Zweiten Vatikanischen Konzil begann, der aber 50 Jahre danach mit neuen mutigen Schritten entsprechend einer veränderten Situation fortgeführt werden muss: Kirche ist immer zu reformierende Kirche und ist vor allem kein Selbstzweck zur Beweihräucherung einzelner machtbesessener Personen, sondern immer und allein eine Kirche des Dienstes am Menschen. Kirche ist »für die Menschen bestellt« – wie es das Bischofsmotto von Kardinal Frings aussagt. Oder wie es der suspendierte Bischof Jacques Gaillot ausdrückt: »Eine Kirche, die nicht dient, dient zu nichts.«

- *Wir brauchen eine große Offenheit* bei allen, die in der Kirche Verantwortung tragen, eine Offenheit nicht nur für die eigenen (römisch-katholischen) Traditionen, sondern auch für die anderer christlicher Kirchen (orthodoxe, reformatorische, durchaus auch evangelikale). Diese Offenheit muss ergänzt werden durch eine Offenheit für andere religiöse Traditionen, vorrangig für die beiden Schwesterreligionen Judentum und Islam, aber auch für die vielfach anderen Traditionen von Hinduismus, Buddhismus, Sikhismus, Daoismus, Shinto und die Naturreligionen. Wir brauchen ein Verständnis, dass all dies unterschiedliche religiöse Wege sind (jeweils wie auch in der katholischen Kirche mit Guten und mit Bedenklichem), aber – so das Konzil – durchaus Wege zum Heil. Wir brauchen die Einsicht des französischen Schriftstellers und Malers Francis Picabia (1879–1953): »Der Kopf ist rund, damit das Denken die Richtung wechseln kann.«

Fundamentalisten sind gefangen in ihrer Angst, ihrer Enge, in ihrer Beschränktheit der Sicht und der Lebenspraxis. Aber schlimmer noch ist, dass sie auch andere in ihren

Käfig, in ihr Gefängnis des Glaubens locken oder gar zwingen wollen und so aufbruchbereite, reformorientierte und zukunftzugewandte Personen aus der Kirche treiben. Wie viele verlassen die Kirche, weil sie erkennen, wie sehr sie in ein »Stahlkorsett« traditionalistischer, autoritärer und machtbesessener Traditionen eingeengt ist? Wie viele haben die Hoffnung aufgegeben und glauben, dass die Kirche langsam abstirbt nach dem Motto »In ein oder zwei Generationen hat sich das von selbst erledigt«?

Gegen solches Denken also, gegen eine starre und sture Kirchenwelt brauchen wir Menschen, die quer denken und neue Zugänge öffnen und ausprobieren (immer mit dem Risiko des Scheiterns). Wir brauchen keine *Kirchenschafe*, sondern *Mutchristen*, die nicht dem Buchstaben folgen, sondern dem Geist Jesu, nicht einem strengen Gesetz und Regelwerk, sondern allein der Menschlichkeit und Liebe. Wer nur dem Buchstaben folgt, der schafft Barrieren. Wer aber dem Geist folgt, der frei weht, wo er will (vgl. Joh 3,8), der öffnet neue Horizonte. Und noch einmal Paulus: »Ihr habt nicht einen Geist empfangen, der euch zu Sklaven macht, so dass ihr euch immer noch fürchten müsstet, sondern ihr habt den Geist empfangen, der euch zu Söhnen (Kindern) Gottes macht« (Röm 8,15). Und Papst Franziskus sagte als Kardinal von Buenos Aires: »Man bleibt nicht gläubig, wenn man wie die Traditionalisten oder die Fundamentalisten am Buchstaben klebt. Treue ist immer Änderung, Aufkeimen, Wachstum. Der Herr bewirkt eine Änderung in dem, der ihm treu ist. Das ist die katholische Glaubenslehre.«

Kirche intern

Von der Herkunft
und vom Auftrag der Kirche

»*Katastrophengebiet pur*« – so könnte man die Situation der Kirche in Mitteleuropa und damit auch in unserem Land bezeichnen. Es gibt, und das muss man ganz realistisch konstatieren, eine dramatische, tiefgreifende und existenzbedrohende Glaubwürdigkeitskrise der Kirche. Beispiele:

• Die Aufbrüche des Konzils (1962–1965) und der Deutschen Synode (1971–1975) sind längst vergessen oder werden zurückgestutzt.

• Eine erneute Erstarrung hat sich breit gemacht – seit 30 Jahren bewegt sich innerkirchlich nichts außer rückwärts – Restauration zurück vor das Konzil. Und so hoffnungsvoll der Beginn des Pontifikats von Franziskus ist – ein neuer Papst allein macht noch keinen katholischen Frühling.

• Eine hierarchische Macht- und Herrschsucht auf allen Ebenen der Kirche nimmt die Verantwortung des einzelnen Christen nicht ernst, sondern diktiert alles von oben herab – Klerikalismus ist nicht überwunden, sondern nimmt bei abnehmender Zahl der Kleriker wieder zu.

• Ein lernunwilliges Lehramt verbietet, über manche Fragen überhaupt nachzudenken und zu sprechen – etwa über die Stellung der Frau in der Kirche (vgl. Seite 112ff).

- Illusionäre Seelsorgspläne glauben, dass in Großraumseelsorge das Heil liegt, doch Christinnen und Christen vor Ort verlieren dadurch ihre religiöse Heimat.
- Die Amtsfrage als Schlüsselfrage so vieler kirchlicher Probleme wird nicht angetastet, deshalb verschärfen sich Personalmangel und »Seelsorge«mangel. Zudem ist die Amtsfrage das wesentliche Hindernis in der Ökumene.
- Die Kirche erscheint als weltfremde Organisation, die sich vom Leben der Menschen entfernt hat (s. die Umfrage zu Familie und Sexualität) und nur auf ihren Machterhalt bedacht ist – das Volk Gottes erscheint nicht wichtig.

Die Kirche wird wahrgenommen als unbewegliche und autoritäre Institution, die sich nach außen hin (zu anderen christlichen Kirchen wie zur Welt [»Entweltlichung«]) abschottet und nach innen hin Druck auf ihre Mitglieder ausübt, besonders auf kirchliche Dienste, die anderer Meinung sind als die Obrigkeit. So gesehen haben *Kirchenschafe* ihren Platz in der Kirche unter Leitung der Hirtengewalt, aber keine *Mutchristen*, die aus eigener Verantwortung ihren Glauben und ihr Leben gestalten wollen.

Der große Theologe des 20. Jahrhunderts Karl Rahner (1904–1984) schrieb bereits 1953 in seiner Schrift »Das freie Wort in der Kirche«: »Heute darf die Kirche weniger denn je nach innen oder nach außen auch nur den Eindruck erwecken, als sei sie einer jener totalen Staaten, bei denen die äußere Macht und ein in tödlichem Schweigen geschehender Gehorsam alles, und Freiheit und Liebe nichts ist, als seien ihre Regierungsmethoden dieselben wie die der totalitären Systeme, wo die öffentliche Meinung in einem Propagandaministerium gemacht wird.« Was hat sich seit diesem Appell Rahners denn wirklich grundlegend in der Kirche geändert, kann man zu Recht fragen.

All das zusammengenommen lässt bei immer mehr Menschen die Frage aufkommen: Wie soll es denn weitergehen? Wie können wir Kirche Jesu Christi sein? Eine Antwort findet sich nur durch die Besinnung auf den Anfang, auf die Ursprungsgestalt christlichen Glaubens, auf Jesus und seine Sammlung einer Jüngergemeinschaft.

Es wird in amtskirchlichen Texten oft darauf verwiesen, dass die kirchliche Struktur und darin das dreifache Amt des Bischofs, Priesters und Diakons auf die *unmittelbare* Einsetzung durch Jesus zurückzuführen und damit letztlich göttliches und nicht menschliches Werk ist. Dabei wird auf die Berufung der zwölf Apostel als Beginn einer Linie *apostolischer Sukzession* verwiesen, einer Nachfolge der Apostel, die sich vom Beginn der Kirche bis heute lückenlos ergibt. Damit sind die Ämter der Kirche, weil von Jesus und letztlich von Gott eingesetzt, nicht veränderbar. Sie sind wegen ihres göttlichen Ursprungs als unentbehrlich für das Heil der Menschen legitimiert (das spielt etwa in der Frage einer Weihe von Frauen eine Rolle, vgl. das nächste Kapitel).

All dies ist in höchstem Maß eine ideologische Aussage, die sich nicht auf den neutestamentlichen Befund berufen kann. Denn hat Jesus in irgendeinem Akt eine Art von Bischofs- oder Priesterweihe bei einigen seiner Jünger vorgenommen? Sind die Zwölf, die auch Apostel genannt werden, die ersten Bischöfe? Hat Jesus überhaupt eine Kirche gewollt, hat er eine Kirche gegründet? Die Antwort darauf ist nicht einfach und kann nur ein *Jein* sein:

– *Nein*, Jesus hat keine konkrete Kirche gegründet, keine Ämter benannt, keine kirchlichen Strukturen geformt, keine Personal- und Pastoralpläne geschrieben, noch nicht einmal Menschen zum sonntäglichen Gottesdienst zusammengerufen. Er hat auch keine Bischöfe oder Priester geweiht – diese Leitungsämter sind erst Generationen später in der Kirche entstanden.

Er hat etwas anderes getan. Er verstand sich als Prophet, der den Menschen die Botschaft vom anbrechenden Reich Gottes verkündet, von der Liebe Gottes, die Menschen ohne Unterschied erreicht, von der Barmherzigkeit Gottes, die alle zu einer Gemeinschaft zusammenführt, vom Bundesvolk Gottes, das miteinander unterwegs ist. Er hat Frauen und Männer gesammelt, berufen, ihm nachzufolgen und seine Botschaft weiterzutragen.

– *Ja*, Jesus hat Menschen zusammengeführt, und diese Sammlungsbewegung endet mit seinem Tod nicht. Aus der Erfahrung seiner Jüngerinnen und Jünger, dass Gott seinen Christus nicht im Tod gelassen hat, aus der Erfahrung Jesu als des Lebenden wird diese Sammlungsbewegung nach Ostern in Jerusalem und anderenorts weitergeführt. Für diese Menschen, die wir als »Urgemeinde in Jerusalem« und erste christliche Gemeinden im Mittelmeerraum bezeichnen, ist der Glaube an das Reich Gottes und an seinen Verkünder Jesus die Grundlage. Deshalb kommen sie zur Versammlung – und das heißt griechisch »ekklesia«, Kirche. Es kommt zur Versammlung im Geiste Christi.

Es gibt kein Jesuswort, das zur Gründung einer Kirche oder auch nur Gemeinde aufruft. Es gibt keinen konkreten und historisch nachweisbaren Gründungsakt Jesu. Sondern dort, wo sich Menschen aus dem Geist Jesu versammeln, dort *ereignet* sich Kirche. Deshalb ist die Kirche von Jesus *herkünftig*, aber nicht *gegründet*.

Lukas zeigt dies in der Apostelgeschichte mit der Erzählung von Pfingsten: Menschen kommen in Jerusalem zusammen – dies ist die Geburtsstunde der Gemeinde in Jerusalem, aber auch der weltweiten Kirche in allen Sprachen. Doch diese Gründung der Kirche als Gemeinschaft glaubender Menschen geschah nicht nur damals, sondern geschieht immer wieder, wo Menschen im Geiste Jesu zusammenkommen.

Die Gründung der Kirche ist also nicht ein einmaliges Ereignis von damals, sondern ein *ständiges Geschehen*. Auch wir heute gründen Kirche – weil wir uns von diesem Jesus zusammenführen lassen.

Kirche also ist Gemeinschaft der an Jesus Glaubenden und dies wurde in der ersten Zeit in vielen jungen und noch kleinen Gemeinden gelebt. Sehen wir genauer hin:

Wir haben in den neutestamentlichen Schriften keine Lehre über die Kirche, keine allgemeinen Aussagen über Kirchenstruktur und Dienste darin. Wir haben nur kleine Einblicke in verschiedene Gemeinden, Lichtblitze, die etwas aufleuchten lassen, aber das ist vielfältig und unterschiedlich genug – es gibt keine einheitliche Form von Kirche, sondern eine bunte Vielfalt innerhalb des einen Glaubens an den befreienden Gott und seinen Christus.

Worum geht es in den ersten christlichen Gemeinden, in Jerusalem, Kleinasien, Griechenland und schon bald darüber hinaus? Es geht um das Bekenntnis zu dem Gott, der alle ohne Unterschied mit Zuwendung und Menschenfreundlichkeit beschenkt. Es geht um die Bindung an Jesus, der der Gesandte Gottes ist und zugleich als Mensch unter uns lebte, der Gott und die Menschen zusammenband, Himmel und Erde in eins brachte. Und um die Gemeinschaft der Christen, die sich im Bekenntnis zum Vater untereinander als Schwestern und Brüder verstehen und füreinander je nach ihren Fähigkeiten Verantwortung tragen.

Wie zeigt sich diese Gemeinschaft konkret? Paulus führt es im Galaterbrief (3,28) aus:

• Die Aufhebung aller sozialen Schranken – »es gibt nicht mehr Sklaven und Freie« – jeder ist vor Gott und damit in der Gemeinde gleichwertig, jeder ist Gottes Kind.

• Die Aufhebung aller rassisch-religiösen Schranken – »es gibt nicht mehr Jude oder Heide« – jeder hat in der Gemeinde Anspruch auf Akzeptanz und Respekt, alle sind gleichwertige Glieder am Leib Christi.

• Die Aufhebung jeder Diskriminierung – »es gibt nicht mehr Mann und Frau« – jeder hat gleiche Rechte und Pflichten in der Gemeinde, kann als Mann oder Frau seine Charismen zum Wohl aller einbringen – die notwendigen Dienste werden entsprechend der Charismen bestimmt.

So finden wir in den paulinischen Gemeinden Frauen und Männer, die sich, vom Geist Gottes bewegt, einbringen in ihre Glaubensgemeinschaft, wir finden synodale Strukturen, gemeinsame Entscheidungen, unterschiedliche, aber allen zugängliche Dienste, vor allem die große Freude darüber, dass es in der Gemeinde anders zugehen kann und soll als in der Gesellschaft: Hier ist eine Gemeinschaft von Schwestern und Brüdern. Ein Volk Gottes, das miteinander auf dem Weg ist. Menschen, die miteinander die Erfahrung machen: Gott ist mit euch in Jesus.

Es gibt, aber erst in späterer Zeit, auch andere Ansätze, die die Verantwortung für die Gemeinde von vielen oder allen zuerst auf einige wenige und dann auf einen Verantwortlichen übertragen. Aus unterschiedlichen Diensten werden Dienst*ämter*, vor allem der Bischof gewinnt entscheidenden Einfluss. Kirche also bleibt nicht so, wie sie ist. Sie entwickelt sich weiter, entwickelt neue Formen, die der damaligen Situation im römischen Kaiserreich angepasst waren. Die kirchliche Struktur wurde also nicht als unveränderlich angesehen, sondern je nach den neuen Bedürfnissen verändert. Damit aber ist die Kirche Menschenwerk und nicht Werk Gottes. Und deshalb muss die Struktur der Kirche auch angesichts neuer Herausforderungen in unserer Zeit und angesichts der Veränderungen der modernen Gesellschaften erneut weiterentwickelt werden.

Kirche soll beweglich bleiben und darauf schauen, was für ihre Aufgabe wichtig ist. Was aber sind solche Aufgaben? Schauen wir auf die Anfänge, besonders auf Paulus, den bedeutendsten Gemeindegründer der Anfangszeit der Kirche.

Paulus weiß sich vom Herrn gesandt »aufzubauen« (2 Kor 10,8; 13,19). Dieses Wort kommt bei ihm aus der alttestamentlichen Prophetentradition. Es meint: »zum Leben bringen«. Paulus will durch die Sammlung von Menschen zu einer Gemeinde Leben ermöglichen, Leben fördern, ihm Sinn geben. Gemeinde und Kirche haben damit ein einziges Ziel: den Menschen. Der Mensch steht im Vordergrund – das war immer die Linie Jesu. Der Mensch steht im Vordergrund – das muss immer die Linie der Kirche sein. Eine Kirche, die nicht für den Menschen da ist, ist keine Kirche Jesu und keine Kirche, die die Impulse des Anfangs fortsetzt.

Es ist erfreulich, dass Papst Franziskus in seinem Interview mit der Jesuitenzeitschrift »Stimmen der Zeit« diese Ausrichtung der Kirche deutlich betont: »Die Kirche hat sich manchmal in kleine Dinge einschließen lassen, in kleine Vorschriften. Die wichtigste Sache ist aber die erste Botschaft: ›Jesus Christus hat dich gerettet.‹ Die Diener der Kirche müssen vor allem Diener der Barmherzigkeit sein.« Und weiter: »Statt nur eine Kirche zu sein, die mit offenen Türen aufnimmt und empfängt, versuchen wir, eine Kirche zu sein, die neue Wege findet, die fähig ist, aus sich heraus und zu denen zu gehen, die nicht zu ihr kommen ... Es braucht Mut und Kühnheit.« *Mutchristen* also auch nach der Meinung des Papstes.

Dieses Dasein der Kirche für den Menschen ist von jedem Einzelnen zu leisten, jeder Getaufte und Glaubende trägt Verantwortung nicht allein für sein Leben, sondern auch für das anderer. Doch kann nicht jeder Einzelne alles leisten. Deshalb braucht es Gemeinschaften, soziale Gruppen, Formen des Miteinanders. Dies entspricht dem Menschen überhaupt. Menschen brauchen gesellschaftliche Organisationen, brauchen Strukturen, um ihren Alltag bewältigen zu können, brauchen gegenseitige Unterstützung, brauchen Rat, Hilfe und Trost, brauchen Ermutigung und neue Impulse, brauchen die Erfahrung eines gemeinsamen Weges, brauchen Liebe und Freundschaft.

All das gilt in besonderem Maß von der Kirche. Christinnen und Christen brauchen die Kirche als Gemeinschaft, damit sie die Botschaft des Glaubens hören können, damit sie Glauben ein Leben lang lernen können, damit sie Glauben feiern können, damit ihnen die Gemeinschaft anderer Glaubender Kraft und Halt gibt in schwierigen Zeiten – im Leben ebenso wie im Glauben. Kirchliche Gemeinschaft ist deshalb für christlichen Glauben unerlässlich. Christsein geht nicht im luftleeren Raum, ist zwar immer die ganz persönliche Entscheidung eines Einzelnen, kann aber nie unabhängig von anderen gelebt werden.

Kirche, Gemeinde, christlichen Gruppen – das alles ist also notwendig. Nur die Frage bleibt: Wie soll die Kirche dann aussehen?

Wenn wir das Glaubensbekenntnis beten, dann sprechen wir: Wir glauben *an* Gott, den Vater, *an* Jesus, seinen Christus, *an* den Heiligen Geist. Aber wir sagen nicht. Wir glauben *an* die Kirche. Sondern: Wir glauben die Kirche. (In der lateinischen Formulierung ist das deutlicher: »Credo *in* Deum, *in* Christum, *in* Spiritum Sanctum«, aber »Credo Ecclesiam«.) Ein kleiner, leicht zu überhörender Unterschied. Was meint er?

Er meint einen grundsätzlichen Unterschied in der Bedeutung. Der Glaube an Gott, an Jesus, an den Geist, der unter uns wirkt, das ist entscheidend im christlichen Glaubensbekenntnis. Die Kirche und alles, was darin ist, steht dahinter zurück, ist zweitrangig. Die Kirche ist nicht göttlich, sondern menschlich (auch wenn einige Amtsträger es gerne anders hätten und ihr Wort für Gottes Wort ansehen, ihren Befehl für Gottes Befehl, ihre Ordnung für Gottes Ordnung).

Wir glauben die Kirche – das heißt: Wir glauben Gott die Kirche. Wir glauben, dass Gott Gemeinschaften ermöglicht, in denen sein Reich beginnt. Wir glauben, dass die Kirche nicht von Gott verlassen wird, gleich was geschieht. Wir glauben, dass die Kirche der Ort ist, wo der Geist Gottes wirkt, nicht ausschließlich in unserer Welt – das zeigt uns das Gespräch mit anderen Religionen inzwischen deutlicher – aber doch in besonderer Weise: Weil nämlich in der Kirche das weiterleben kann, was Jesus angefangen und gewollt hat: die umfassende Gemeinschaft aller mit Gott und dadurch Heil, Befreiung, Erlösung für alle.

Doch eins ist ebenso klar: Die Kirche ist nicht unveränderlich, wie Gott es ist. Über Gott können wir Menschen nicht verfügen, er bleibt der ganz Andere, von uns nicht Fassbare. Aber für die Kirche tragen wir Menschen Verantwortung. Wir müssen ihr ein Gesicht geben. Wir müssen sie so gestalten, wie es den Erfordernissen *unserer* Zeit und der Menschen entspricht. Papst Franziskus spricht mit den Worten von Johannes XXIII: von den »Zeichen der Zeit, die gelesen werden müssen.« Und an anderer Stelle (EG 168): »Es ist gut, dass man in uns nicht so sehr Experten für apokalyptische Diagnosen sieht bzw. finstere Richter, die sich damit brüsten, jede Gefahr und jede Verirrung aufzuspüren, sondern frohe Boten, die befreiende Lösungen vorschlagen, und Hüter des Guten und der Schönheit, die einem Leben, das dem Evangelium treu ist, erstrahlen.«

Also Aggiornamento, ein Hinführen der Kirche in unsere Zeit und zu den heutigen Menschen: *Wir müssen der Kirche ein gutes, ein menschenfreundliches Gesicht geben.*

Und dies in jeder Zeit und an jedem Ort immer wieder neu. Deshalb bleibt die Reform der Kirche ständige Aufgabe bis an das Ende der Zeiten. Und wer sich der Reform verweigert, wer die Veränderungen von Zeit, Kultur und Gesellschaft nicht wahrnehmen will, der verweigert sich dem Willen Gottes. Kirche ist immer Kirche in der Geschichte der Menschen. Und damals wie heute kommt es auf die Menschen an. Ihnen haben die Kirche und ihre Strukturen zu dienen. Angesagt sind Neuorientierung und Umkehr zu dem, was Jesus gewollt hat: eine Sammlung von Menschen, die sich als von Gott geliebte Glieder seines Volkes verstehen und so miteinander auf dem Weg sind.

Wenn das alles sich aus dem Anfang der Kirche ergibt, aus der Ursprungsgestalt Jesus, aus der Ursprungsgemeinschaft der ersten Gemeinden, aus der Ursprungsurkunde des Neuen Testamentes (aufbauend auf dem Ersten, Alten Testament), dann wird der Kontrast zur heutigen Wirklichkeit von Kirche umso schmerzhafter deutlich. Die Kirche heute befindet sich mit ihren mittelalterlichen Strukturen in einer existenzbedrohenden Modernisierungskrise. Eine winzige Zahl alter Männer besitzt die wesentlichen Entscheidungskompetenzen, während die überwiegende Mehrheit der Getauften, Frauen sowieso, nicht als mündige und selbstverantwortliche Personen angesehen werden, sondern als zu leitende Masse. Noch einmal: In der Kirche heute sind *Kirchenschafe* gefragt, nicht *Mutchristen*.

Natürlich sehen auch Kirchenobere die problematische Lage. Doch was verändern sie? Wie treten sie der hohen Zahl von Kirchenaustritten entgegen, wie stehen sie dem zunehmenden Mangel an Priestern und Laienpastoralkräften gegenüber, wie begegnen sie dem dramatischen Vertrauensverlust der Kirche in der Bevölkerung?

Der entscheidende Punkt dabei ist eine Grundsatzentscheidung im Verhältnis von Priester und Gemeinde. Noch zu Zeiten des Konzils vor 50 Jahren hatte jede Pfarrgemeinde ihren eigenen Pastor (und oft weitere Geistliche, Kapläne, Subsidiare, Pensionäre), der am Ort wohnte, der das Leben der Leute teilte, dem die Mitglieder der Gemeinde immer wieder begegneten: in den Ritualen der Lebenswenden von der Taufe bis zum Begräbnis, in den Vereinen, im gesellschaftlichen Leben. Heute gibt es »Pastorale Räume«, Seelsorgsbezirke, Pfarreiengemeinschaften mit mehr als 10 000, manchmal sogar 20 000 oder mehr Katholiken, im ländlichen Bereich in riesigen Gebieten. Das Ganze folgt immer dem Motto: »Ohne den Priester keine Kirche.« Man beschwört zwar die Bedeutung des ehrenamtlichen Dienstes in den Gemeinden, ohne allerdings den engagierten Menschen ausreichend Kompetenz zur Eigenentscheidung zuzuweisen – das letzte Wort hat immer der Pfarrer oder der Bischof, alles ist von ihnen abhängig.

All dies formt eine *priesterzentrierte Gestalt von Kirche*. Gemeinden darf es danach jeweils nur so viele geben, wie Priester da sind. Und da der Zugang zum priesterlichen

Dienst nach wie vor unveränderten Zugangskriterien unterliegt (männlich, zölibatär, mit Universitätsstudium), wird es immer weniger Priester in Zukunft geben – das vorhersehbare Ergebnis: Die pastoralen Strukturen, wie wir sie kennen, werden über kurz oder lang zusammenbrechen.

Was wir dagegen brauchen, ist unter Besinnung auf die paulinischen Gemeinden des Anfangs eine *gemeindezentrierte Gestalt von Kirche*. Und dafür haben wir Vorbilder bereits im Neuen Testament, sowohl in Bezug auf die Urgemeinde in Jerusalem wie auf die paulinischen Gemeinden:

• In der Apostelgeschichte (6,1–7) wird erzählt, wie es in der Jerusalemer Gemeinde Schwierigkeiten im caritativen Bereich gab. Die Zwölf (Apostel) als Leiter der Gemeinde konnten nicht alle Aufgaben ausreichend erfüllen. Deshalb bitten sie die Gemeinde, dass diese aus ihrer Mitte heraus sieben Männer für den caritativen Dienst wähle. Als dies geschehen ist, legten die Apostel ihnen die Hände auf – eine Weihe für ihren Dienst. Auffallend ist, dass nicht die Apostel die Männer auswählen, sondern die ganze Gemeinde (»Brüder« als Synonym für alle Gemeindemitglieder, Männer wie Frauen). Die Apostel bestätigen diese Wahl dann durch eine »Weihe«.

• Paulus spricht in seinen Briefen mehrfach von den Diensten in der Gemeinde, besonders im Römerbrief 12 und im ersten Korintherbrief 12. Für ihn wird jeder vom Geist Gottes mit Gaben beschenkt, die er dann zum Wohl aller einsetzen soll (1 Kor 12,7–11). Am Ende dieses Kapitels führt Paulus die verschiedenen Gaben zum Wohl aller auf: »So hat Gott in der Kirche die einen als Apostel eingesetzt, die anderen als Propheten, die dritten als Lehrer; ferner verlieh er die Kraft, Wunder zu tun, sodann die Gaben, Krankheiten zu heilen, zu helfen, zu *leiten* ...« (1 Kor 12,28).

Beide biblischen Beispiele zeigen auf, dass die für das Leben der Kirche vor Ort notwendigen Dienste aus den Gemeinden selber herauswachsen und von den Gemeinden, nicht von den Aposteln oder den »Leitenden« bestimmt werden. Die Dienste stehen hier nicht über der Gemeinde (im Sinne von »Nur wo ein Priester ist, kann Gemeinde sein«, s.o.), sondern die Notwendigkeiten der Gemeinde bestimmen Zahl und Art der Dienste. Entsprechend müsste man heute den Gemeinden die Kompetenz zur Entscheidung geben, Dienste aus ihrer Mitte heraus zu bestimmen: den Dienst der Katechese (Lehren), den Dienst der Hilfe für Notleidende (Helfen), den Dienst der Predigt (Propheten), den Dienst der Leitung. Auch auch – weil dies die innere Mitte jeder Gemeinde ist – den Dienst, eine Eucharistiefeier zu leiten, wie es in den paulinischen Gemeinden die Hausväter und -mütter der Hausgemeinden tun (vgl. dazu ab Seite 128).

Dass die Zugangskriterien eines solchen Dienstes ebenso den Erfordernissen der Gemeinden angepasst werden müssen, versteht sich von selbst. Für Paulus war das einzig wichtige Kriterium die Anbindung eines Menschen an Christus, ein Mit-Christus-sein: »So sind wir, die vielen, ein Leib in Christus, als einzelne aber sind wir Glieder, die zueinander gehören« (Röm 12,5).

Wenn so nicht die Gemeinden von der Zahl der vorhandenen Priester (= zölibatäre Männer) abhängig sind, sondern umgekehrt sich die für eine Gemeinde notwendigen Dienste aus ihr selbst ergeben, nur dann kann die Kirche auch in Zukunft vor Ort bleiben, kann weiterhin Menschen in überschaubaren Sozialbezügen und nicht in riesigen anonymen Massen Heimat im Glauben bieten. Wenn wegen der augenblicklichen Priesterfixierung im Aufbau der Kirche

Gemeinden zugrunde gehen, wenn vielerorts keine sonntägliche Eucharistie mehr möglich ist, dann stirbt die Kirche an der Basis ab – an der Basis zuerst, schließlich aber auch in den übergeordneten Bezügen.

Der Blickwinkel also entscheidet: Sieht man zuerst die rückläufige Zahl der Priester und formt von da aus Kirche vor Ort oder sieht man zuerst die Menschen, die sich in örtlichen Gemeinden sammeln und gibt ihnen Hilfen für ihr Leben, beruft eine ausreichende Zahl von Frauen und Männern auch zum Dienst der Leitung. Vom Kirchenrecht ist dazu in Kanon 517, §2 eine kleine Tür geöffnet, sodass auch Nichtpriester an der «Wahrnehmung der Seelsorgsaufgaben einer Pfarrei beteiligt» werden können – allerdings geschieht das dort immer noch unter Leitung eines dann auswärtigen Priesters. Hier muss das Kirchenrecht den Erfordernissen der Gemeinden angepasst werden – kirchenrechtliche Regelungen sind Menschenwerk und zu bestimmten Zeiten unter bestimmten Bedingungen gewachsen, aber keineswegs unveränderbar. Wie sagte schon Jesus: »Der Sabbat ist für den Menschen da, nicht der Mensch für den Sabbat« (Mk 2,27).

Dass alles ist nicht so undenkbar, wie es scheint. Bereits 1970 hat Joseph Ratzinger (!) in seiner Schrift »Wie wird die Kirche im Jahr 2000 aussehen?« formuliert: »Die Kirche wird im Jahr 2000 gewiss auch neue Formen des Amtes kennen und bewährte Christen, die im Beruf stehen, zu Priestern weihen ... In vielen kleineren Gemeinden bzw. in zusammengehörenden sozialen Gruppen wird die normale Seelsorge auf diese Weise erfüllt werden. Daneben wird der hauptamtliche Priester wie bisher unentbehrlich sein.« Man fragt sich, warum Joseph Ratzinger als Papst Benedikt seine so frühe Einsicht nicht in die Tat umgesetzt hat und statt dessen die Gemeinden *und* der priesterliche Dienst immer mehr ausbluten.

Der unvergessene Papst Johannes XXIII. hat vor dem Konzil gesagt: »Machen wir die Fenster auf und lassen frischen Wind in die Kirche!« Wie kann das heute gehen? Vier Leitlinien sind wichtig, die auf einen Text des 4. und 5. Jahrhunderts zurückgehen: auf das Glaubensbekenntnis der Konzilien von Nizäa und Konstantinopel. Da heißt es: »Ich glaube die *eine, heilige, katholische und apostolische* Kirche«. Was bedeuten diese vier Worte als Definition der Kirche im Blick auf unsere Zeit?

• *Ich glaube die* eine *Kirche – Einheit, nicht Einheitlichkeit.*
Ganz sicher: Jesus hatte *einen* Jüngerkreis. Er hat sich immer gegen Streit und Entzweiung in diesem Kreis gerichtet, auch Jünger zurechtgewiesen, als sie sich darüber stritten, wer unter ihnen der Größte, der Mächtigste, der Beste sei. Das alles kann, so Jesus, nicht Maßstab der Jünger sein, sondern nur der gegenseitige Dienst. Und auch wenn das große Gebet um Einheit im Johannesevangelium eine Zusammenstellung des Evangelisten ist, so gibt es sicher die Intention Jesu richtig wieder: Dass alle eins sind.

Die Kirche als Jüngergemeinde Jesu hat diesen Willen zur Einheit umzusetzen. Und genau dagegen hat sie in ihrer Geschichte immer wieder zutiefst gefehlt. Nicht erst bei der Reformation in unserem Land, bei der Trennung der westlichen Kirche also in römisch-katholisch und protestantisch-evangelisch – das ist die Trennung, die wir ja ständig vor Augen haben. Auch nicht erst bei der Trennung von westlich-römischer und östlich-orthodoxer Kirche, endgültig festgezurrt durch gegenseitigen Bann und Exkommunikation im Jahr 1054. Nein, schon viel früher zerbrach die Einheit der beiden innerhalb des Römischen Reiches angesiedelten Richtungen von römischer und orthodoxer Kirche mit den bei uns fast unbekannten Kirchen des Ostens, die seit dem zweiten Jahrhundert von Syrien und dem Irak aus weiter nach Osten hin wirkten, bis nach Indien und China, und die fälscherlicherweise als nestorianische Kirchen bezeichnet werden, obwohl Nestorius, der Patriarch von Konstantinopel, außer einer gewissen Nähe in seinen theologischen Gedanken nichts mit ihnen zu tun hatte. Die Kirchengeschichte – das ist eine ständige Geschichte der Trennung und Zerspaltung. Aber warum? Warum haben Christen die von Jesus geforderte Einheit der Jüngergemeinde nicht verwirklicht und verstoßen auch heute immer wieder eklatant dagegen?

Offiziell wird gesagt: Weil es um die Wahrheit geht, um die richtige Deutung christlichen Glaubens, um richtige Definitionen, Dogmen und Lehrsätze. Doch schaut man genauer hin, dann geht es meist um die gleichen Fragen wie schon bei den Jüngern Jesu: Wer ist der Größte? Wer hat die meiste Macht? Wer kann eine heilige Herrschaft über die anderen aufrichten? Wer kann über die Köpfe dadurch bestimmen, dass er sich für unfehlbar (und deshalb nicht kritisierbar) erklären lässt? Solches Denken findet sich auf allen Ebenen. Doch wer so denkt, zerstört die Einheit, weil er die anderen nicht ernst nimmt, weil er davon überzeugt ist, dass der Heilige Geist nur in ihm wirkt und er deshalb bestimmen kann und die anderen gehorchen müssen, weil er die anderen als Objekte seines eigenen Handelns und nicht als eigenständige Subjekte ansieht. Wie sagt Jesus: »Wer der Erste sein will, soll der Letzte von allen und der Diener aller sein.« Und er stellte ein machtloses Kind in die Mitte des Jüngerkreises (Mk 9,35–37).

Und etwas anderes kommt hinzu: Einheit meint keine Einheitlichkeit im Denken, Feiern, Glauben, Leben. Gott ist sowieso größer als jede menschliche Religion. Und die Wege zu Gott sind so vielfältig, wie es Menschen gibt, sie lassen sich nicht auf einen einzigen, von oben vorgeschriebenen Weg beschränken. Mehr noch, die Christentumsgeschichte – von anderen Religionen einmal ganz zu schweigen – zeigt eine so große Vielfalt von Möglichkeiten, sich mit Gott, Jesus und mit den anderen Glaubenden zu verbinden, einen solchen Reichtum von Glaubensformen, dass jede Einengung auf eine Richtung dem Menschen fundamental widerspricht.

Papst Franziskus formuliert treffend zu diesem Punkt (EG 131): »Die Unterschiede zwischen den Menschen und den Gemeinschaften sind manchmal lästig, doch der Heilige Geist, der diese Verschiedenheiten hervorruft, kann aus allem etwas Gutes ziehen und es in eine Dynamik der Evangelisierung verwandeln, die durch Anziehung wirkt. Diese Verschiedenheit muss mit Hilfe des Heiligen Geistes immer versöhnt sein; nur er kann die Verschiedenheit, die Pluralität, die Vielfalt hervorbringen und zugleich die Einheit verwirklichen. Wenn hingegen wir es sind, die auf der Verschiedenheit beharren, und uns in unsere Partikularismen, in unsere Ausschließlichkeiten zurückziehen, verursachen wir die Spaltung, und wenn andererseits wir mit unseren menschlichen Plänen die Einheit schaffen wollen, zwingen wir schließlich die Eintönigkeit, die Vereinheitlichung auf.« Solche Sätze müssen in Zukunft mutig und kreativ nicht nur innerhalb der katholischen Kirche, sondern auch in der christlichen Ökumene und in der Ökumene der Religionen beachtet werden. Die Verschiedenheit darf als Chance und als Bereicherung gesehen werden.

Einheit brauchen wir nach dem Willen Jesu, aber Einheit in versöhnter Verschiedenheit, die Raum lässt für unterschiedliche Formen christlichen Glaubens und Lebens, die Freiheit lässt, je eigene Akzente zu setzen in der Nachfolge Jesu, die einen mehr beim Bedenken der Schrift, die anderen mehr in der Feier einer göttlichen Liturgie, die dritten mehr im tätigen Einsatz für die Armen, die vierten mehr im Aufbau einer jeden Einzelnen tragenden Gemeinschaft. Solche versöhnte Verschiedenheit geht nur mit hoher Toleranz und mit Respekt vor dem anderen, zugleich mit der Einsicht, dass der eigene Standpunkt noch lange nicht das Reich Gottes ist, dass also der eigene Vogel keineswegs der Heilige Geist sein muss.

• *Ich glaube die* heilige *Kirche – Volk Gottes auf dem Weg*
Ganz realistisch: Die Kirche, die wir erleben, präsentiert sich uns nicht als heilige, sondern als sündige Kirche. Das sollten und müssen wir ehrlich zugeben: Es gibt »unglaubliche Blindheit, historische Fehlentscheidungen, persönliches Versagen, besonders der Amtsträger, Deformationen des Evangeliums«, so der Theologe Hans Küng. Es gibt Untreue gegenüber dem Willen Jesu in erschreckendem Ausmaß: Frauendiskriminierung und Ketzerverfolgung, Kreuzzüge gegen Muslime, aber auch christliche Gruppen (Katharer, Waldenser) und Judenpogrome, Verfolgung von Theologen und mündigen Laien, Machtmissbrauch und so vieles mehr. Und nicht allein einzelne Christen verkörpern die sündige Kirche, sondern auch kirchliche Strukturen werden nur zu oft nicht dem Leitbild Jesu »Der Mensch im Vordergrund« gerecht, sondern unterdrücken und bedrohen, machen Angst und vertreiben so Menschen aus dem Umfeld der Kirche und damit oft der Botschaft Jesu – »Heilige Herrschaft«

statt Dienst an den Menschen; Drohbotschaft statt Frohbotschaft.

»Ich glaube die heilige Kirche« – das klingt wie ein Hohn. Aber gemeint ist damit etwas Anderes: Als Heilige werden im Neuen Testament die bezeichnet, die sich der Gemeinde anschließen und so das von Gott geheiligte Volk darstellen. Gott wendet sich einzelnen Menschen und ihren Gemeinschaften zu, und weil diese so mit Gott verbunden sind, deshalb gehören sie in den Lebensbereich Gottes, deshalb können sie als zu Gott gehörig, als Heilige bezeichnet werden. Nicht Kirche und ihre Institutionen sind heilig, nicht ihre Amtsträger, ihre Gebäude, Geräte, Reliquien und Festzeiten, sondern, so das Neue Testament, glaubende Menschen ohne Unterschied und ohne Vorbedingungen und allein deshalb, weil sie Kinder des einen Vaters und von ihm geliebt und erlöst sind.

Das hat Konsequenzen: Mehr als bisher muss bedacht werden, dass Christen das »Volk Gottes auf dem Weg« sind, dass uns das Ziel zwar vor Augen steht, aber die Wege dorthin keineswegs so klar sind und immer wieder neu und zwar gemeinschaftlich entschieden werden müssen. Und wenn alle von Gott geliebt sind, umgekehrt aber alle auch immer sündige Kirche sind, dann darf es nicht die »Wir-gehen-ins-Ghetto-Partei« geben, diese Vorstellung von der kleinen Herde der Reinen, diese sektiererische Ausgrenzung einiger weniger Gehorsamer, nicht die Abgrenzung gegenüber der bösen Welt, Vorstellungen, die wir in der Amtskirche leider immer deutlicher finden. Nein – als Geschwister sind wir miteinander auf dem Weg, und das heißt: immer wieder neue Besinnung und Umkehr auf die Frohe Botschaft: Gott ist mit euch in Jesus.

• *Ich glaube die* katholische *Kirche – allumfassend und nie am Ziel*

Das Wort »katholisch« ist ein Wort mit mehreren Bedeutungen und deshalb oft missverständlich. Die evangelischen Christen sprechen deshalb im Glaubensbekenntnis »christliche Kirche« statt »katholische Kirche«. Doch dahinter liegt das konfessionelle Missverständnis: »Katholisch« wird hier als »römisch-katholisch« und damit als konfessionelle Engführung verstanden.

»Katholisch« meint von der griechischen Wortherkunft etwas anderes und damit auch im Glaubensbekenntnis der in griechischer Sprache gehaltenen Konzilien von Nizäa und Konstantinopel. »Katholisch« heißt allumfassend, allgemein, alle integrierend, eine Vielfalt umfassend, nicht einseitig festgelegt sein. Es geht nicht um Einheitlichkeit, sondern um eine Vielfalt, die innerhalb der einen Gemeinschaft der Kirche ihren legitimen Platz hat.

Die »katholische Kirche« meint somit in der Formulierung der Konzilien umfassend die ganze Kirche, die alle Ortskirchen und christlichen Gemeinden umfasst und die ebenso alle Zeiten umfasst, die Christengemeinschaften also von den Anfängen bis heute, in allen Völkern und auch in den so unterschiedlichen Ausdrucksformen christlichen Glaubens und Lebens. »Katholisch« ist also die Universalität aller Gruppen, Nationen, Rassen und Klassen. Katholisch ist aber auch die Universalität von Denkrichtungen, von Deutungsformen christlichen Glaubens, von Ausprägungen christlichen Lebens. »Katholisch« meint also gerade nicht die Einengung auf einen offiziell vorgeschriebenen römischen Weg oder gar nach dem Wort eines deutschen Bischofs: »Was christlich ist, bestimme ich.« Vielmehr meint »katholisch« das Ernstnehmen der so vielfältigen Versuche von Frauen und Männern, von Laien und Amtsträgern, von Gruppen und Gemeinschaften, diesen Jesus und seine Botschaft ernst zu nehmen und mit heutigem Leben zu verbinden.

»Katholisch« darf gerade nicht eine konfessionelle Engführung, Abgrenzung und Ausgrenzung der anderen sein (etwa wenn die evangelischen Kirchen nicht als Kirchen, sondern nur als Gemeinschaften bezeichnet werden, wie von Kardinal Ratzinger als Präfekt der Glaubenskongregation geschehen), sondern ist nur dort verwirklicht, wo Einheit in versöhnter Verschiedenheit besteht. Und »katholisch« als allumfassend meint auch: Wir sind mit unserem Bemühen, christlich zu sein, noch längst nicht am Ziel, es wird in Zukunft noch viele andere Möglichkeiten geben, vielleicht manche, die wir uns noch gar nicht vorstellen können. Kirche ist eben nicht das Reich Gottes, aber sie soll Wegweiser zu Gott und seinem Reich sein.

• *Ich glaube die* apostolische *Kirche – Treue zum Ursprung*
»Apostolisch«, das wird oft als Ideologie verstanden, ein wenig überspitzt formuliert: »Jesus hat die Kirche gegründet und sie seinen zwölf Aposteln übergeben. Und diese haben die von Jesus erhaltene Leitungsgewalt dann an andere weitergegeben, die damit das Amt der Apostel fortsetzen, also Nachfolger der Apostel sind.« Es wurde bereits im biblischen Befund deutlich, dass diese Vorstellung eine Konstruktion ist. Jesus hat keine Kirche gegründet, wohl aber kommt die Kirche von Jesus her und hat ihn als Maßstab. Und die Zwölf hatten bei Jesus eine ganz andere Funktion: Sie standen symbolisch für die Errichtung des neuen Gottesvolkes, für die zwölf Stämme, die von Jesus neu gesammelt werden. Im weiteren Verlauf der ersten christlichen

Gemeinden sind Apostel dann die von den Gemeinden ausgesandten Glaubensverkünder, und das konnten Frauen und Männer sein. Für sie war entscheidend, dass sie dem Anfang, also der Botschaft Jesu und Jesus selbst treu waren.

Erst später entwickelte sich das monarchische Bischofsamt, das dann in der Regel (aber auch nicht immer) von mehreren Bischöfen an einen neu zu weihenden Bischof weitergegeben wurde. Vom Papst war übrigens in den ersten Jahrhunderten überhaupt nicht die Rede. Erst allmählich schälte sich die besondere Bedeutung wichtiger Bischofssitze heraus, im Westen war dies Rom, im Osten des Römischen Reiches Konstantinopel, Antiochia, Alexandria und Jerusalem. Und noch weiter, in der von uns kaum beachteten östlichen, assyrischen Kirche das Patriarchat von Seleukia-Ktesiphon. Und – wie schon bei den Jüngern Jesu in ihrem Streit, wer der Größte sei – gab es schon bald Rangeleien zwischen den fünf Patriarchaten im Römischen Reich, wer denn den Vorrang vor allen hatte. Im Westen gab es nur Rom, das war dann nach der zunehmenden Trennung von Ost und West auch der bestimmende Pol, im Osten blieb nach dem Untergang von Antiochia, Alexandria und Jerusalem durch den Ansturm des Islam nur Konstantinopel übrig, zu dem später dann Moskau hinzukam. Vom Patriarchat in Seleukia sind ebenfalls nur Reste ohne Einfluss erhalten. Und das Patriarchat in Rom, das Papsttum, hat seine eigene, ganz besondere Geschichte.

Doch konzentrieren wir uns darauf, was »apostolische Kirche« heute bedeuten kann. Eigentlich nichts anderes als »Treue zum Ursprung«. Und dies auf dreifache Weise:

– »Apostolisch« heißt: Treue zur *Gründungsgestalt* christlichen Glaubens, zu diesem Jesus von Nazaret, der Gottes Liebe zu allen Menschen aufscheinen ließ und Menschen ohne Abgrenzung zu einer neuen Familie, zu Schwestern und Brüdern des einen Vaters zusammenrief.

– »Apostolisch« heißt: Treue zur *Gründungszeit* der Kirche, also zu den ersten Gemeinden und ihren Formen, die Botschaft Jesu weiterzuführen, zu Gemeindestrukturen, in denen alle als »priesterliches Volk« Gottes ihre Charismen, Fähigkeiten, zum Wohl aller einbringen konnten, in der viele unterschiedliche Dienste (nicht Ämter) von Frauen und Männern den Leib Christi, die Gemeinde, aufbauten und die wegen ihrer geschwisterlichen Liebe in der antiken Gesellschaft Aufsehen erregte und immer mehr Anhänger fand.

– »Apostolisch« heißt: Treue zur *Gründungsurkunde* der Kirche, der Bibel mit den Schriften des Ersten, Alten Bundes ebenso wie mit den in der Anfangszeit der Kirche entstehenden Schriften des Neuen Testaments. Treue zur Botschaft dieser Schrift: Gott ist mit euch in Jesus. Er stärkt euch durch seinen Geist. Ihr dürft Hoffnung und Zuversicht haben.

Frauenpower

Von Brüdern *und* Schwestern

»*Keine Kirche ohne Frauen*« – so die Meinung von Papst Franziskus. Er sagt: »Die Räume einer einschneidenden weiblichen Präsenz in der Kirche müssen weiter werden ... Die Frauen stellen tiefe Fragen, denen wir uns stellen müssen. Die Kirche kann nicht sie selbst sein ohne Frauen und deren Rolle. Die Frau ist für die Kirche unabdingbar. Maria – eine Frau – ist wichtiger als die Bischöfe ... Man muss daher die Vorstellung der Frau in der Kirche vertiefen. Man muss noch mehr über eine gründliche Theologie der Frau arbeiten ... Der weibliche Genius ist nötig an Stellen, wo wichtige Entscheidungen getroffen werden« (Interview in der theologischen Zeitschrift »Stimmen der Zeit«). Und in Evangelii Gaudium (103) heißt es: »Die Räume für eine wirksamere weibliche Gegenwart in der Kirche müssen noch erweitert werden.« Auf diese Aussagen kommen wir zurück. Ganz sicher aber ist: Die Stellung der Frau in der Kirche ist der Ernstfall einer geistbewegten Kirche, der Ernstfall auch, ob die Kirche mit den gesellschaftlichen Veränderungen der Neuzeit Schritt hält oder nicht.

Doch zuerst ein Blick auf die Realität: In den Gemeinden werden die Dienste der Frauen gerne angenommen, wenn es um »niedere« Dienste geht, um die vielen, aber wenig geachteten Aufgaben in den Gemeinden, von der Katechese der Kinder bis zum Schmuck der Kirche, von den Besuchen bei Alten und Kranken bis zum Singen in einem Chor. Hier gilt immer: Ohne Frauen würde die gesamte Gemeindearbeit zusammenbrechen: Kirche geht nicht ohne Frauen.

Die Leitung der Kirche dagegen, sowohl die Gemeindeleitung wie auch die Leitung der Eucharistie ist Sache des Mannes – basta! So wenigstens, wenn es nach der augenblicklichen Kirchenordnung geht. An allen Schlüsselstellen der Kirche finden sich nur Männer. Nur Männer können zur Weihe zugelassen werden, können Diakone, Priester oder gar Bischof, Kardinal und Papst werden. Konzilsväter kamen zum letzten Konzil und zu allen vorangegangenen zusammen, »Konzilsmütter« fehlten, sodass die Sicht der Frauen auch in den Konzilsbeschlüssen selbst nicht ausreichend berücksichtigt ist.

Und jeder Ansatz, über eine veränderte Stellung der Frau nachzudenken, wird rigoros unterbunden. Rom hat gesprochen, und die Sache ist damit beendet! Johannes Paul II. hat 1994 in seinem Apostolischen Schreiben »Ordinatio sacerdotalis« in dieser Sache sogar ein Diskussionsverbot, ja Denkverbot ausgesprochen. Wer sich nicht daran hält, wird mit Kirchenstrafen bis zur Exkommunikation bedroht. Und dessen ungeachtet bleibt die Stellung der Frau in der Kirche der entscheidende Punkt für die Zukunftsfähigkeit der römisch-katholischen Kirche.

Die Leitung der Kirche ist Sache des Mannes. So ist die kirchliche Praxis seit langem, und sie wird vielfach begründet:
– Jesus war ein Mann, deshalb darf nur ein Mann der Eucharistie vorstehen, so wie er der Vorsteher des Abendmahls war.

– Jesus beruft zwölf Männer zu seinen Aposteln, nur sie nehmen am Abendmahl teil, sie werden von Jesus ausgesandt.

– Es ist seit eh und je Praxis der Kirche, nur Männer zuzulassen, und das soll auch so bleiben – das Argument der Tradition oder anders: Es war doch schon immer so. Und: Da könnte ja jeder kommen. (Dagegen Papst Franziskus in EG 33: »Die Seelsorge … verlangt, das bequeme pastorale Kriterium des ›Es wurde immer so gemacht‹ aufzugeben.«)

Noch weitere Begründungen zur Rolle der Frau sind zu finden. Das Argument von der grundsätzlichen Minderwertigkeit der Frau oder das von der Verführung des Adam durch die Eva hört man zwar heute nicht mehr so häufig, doch spielen solche kruden Ideologien sicher in manchen Köpfen alter Kirchenmänner nach wie vor eine Rolle. Vor allem aber ist verdächtig, dass alle Argumentationen gegen das Amt von Frauen aus dem Mund von Männern kommen, Frauen werden dabei gar nicht erst gefragt.

Was aber ist, wenn man den Spieß umdreht und vergleichbare Argumente aus der Sicht von Frauen formuliert? Das Ganze in Form einer bissigen *Satire* (gekürzt aus der Zeitschrift »Publik Forum«, September 1994):

Liebe Mitschwestern,

mit großer Unruhe nehmen wir die zunehmenden Forderungen wahr, denen zufolge auch Männer zu Priestern geweiht werden sollen. Dies lässt sich nicht mit der göttlichen Offenbarung und der Schöpfungsordnung vereinbaren. Deshalb möchte mein Schreiben noch einmal und endgültig sagen, warum ein Mann nicht Priester werden kann:

Der Mann hat zwar seine Würde als Ehegatte und Familienvater. Doch nur der Frau steht das priesterliche Amt offen. Dies lässt sich zweifelsfrei begründen:

- *Durch die Amtstheologie:* Die Anfänge der Kirche hat Gott in den Frauen verankert. Zum einen wählte Gott Maria, um seinen Sohn in die Welt zu setzen. Da Männer unabhängig von sozial-kulturellen Bedingungen niemals Kinder gebären können, dürfen sie auch niemals zum Amt zugelassen werden. Zum anderen beauftragte Gott zunächst Frauen, die Frohe Botschaft zu verkünden. Die Frauen am Grab sind die ersten Zeuginnen der Auferstehung. Jesus hat sich zuerst den Frauen als der Christus geoffenbart. Frauen können die unfassbare göttliche Dimension in ihren Geist aufnehmen, währenddessen sie Männern noch verborgen bleibt (Lk 24,11).

- *Durch die Mittlerinfunktion der Priesterin:* Nur eine Frau, die in der Nachfolge Marias und der Frauen am Grab steht, kann zwischen göttlicher und profaner Sphäre vermitteln. Der Mann vermag aus biologischen und geistigen Gründen nicht, etwas Göttliches hervorzubringen.

- *Durch das Wesen der Sakramente:* Die Quelle des kirchlichen Lebens, die Erfahrung des Heils Gottes wird den Gläubigen in den Sakramenten geschenkt. Entsprechend muss die Sakramentenspenderin eine Frau sein. Denn der weibliche Leib ist das äußere Zeichen für die Bereitschaft, Leben in sich aufnehmen zu können. So wie Maria Göttliches durch die Frucht ihres Leibes Leben hervorbrachte, bringt die Priesterin Göttliches in der Frucht ihres Geistes hervor.

- *Durch den Opfercharakter der Messe:* Wie die Heilige Schrift berichtet, waren es Frauen, die Jesus bis unter das Kreuz folgten (Mk 15,40). Die Männer allerdings sind bis auf Johannes geflohen. Sie waren nicht leidfähig. Wie sollen dann Männer, die Jesus sogar verleugnet und verraten haben, fähig sein, das Messopfer zu feiern? Allein eine Frau ist fähig, der Eucharistiefeier vorzustehen, will man die Tiefe der Gemeinschaft mit Jesus und den Opfercharakter der Eucharistie nicht durch oberflächliche Männer verkommen lassen.

Der priesterliche Dienst ist somit den Frauen vorbehalten. Dies gilt nach göttlichem Willen für alle Zeiten.

Johanna Paula II.

Soweit die Sartire und die fragwürdigen Argumente auf beiden Seiten. Doch was ist wirklich Sache? Kann die Kirche in den entscheidenden Funktionen der Leitung auf die Gaben und Fähigkeiten (Charismen nach Paulus) von Frauen verzichten? Orientieren wir uns in dieser Frage an der Praxis Jesu und der ersten Gemeinden entsprechend der Schriften des Neuen Testaments.

Jesus und die Frauen – Ruf in die Nachfolge für alle

Wie ist die Stellung der Frau bei Jesus, in seinem Jüngerkreis? Es gibt bei Jesus keine programmatische Aussage, keine Art Parteiprogramm zur Gleichberechtigung. Aber achten wir auf die folgenden in ihrer Summe eindeutigen Aspekte aus dem Leben und der Praxis Jesu:

• Jesus begegnet Männern wie Frauen völlig frei und ungezwungen, das war in der damaligen Gesellschaft keineswegs selbstverständlich. Er macht auch die damals unbedeutenden Frauen zu Empfängerinnen seiner Botschaft. Unbefangen wendet er sich sogar Frauen zu, die wegen ihres Lebenswandels als kultisch unrein galten und am Rand der Gesellschaft leben mussten (Prostituierte ebenso wie die kranke, weil blutflüssige, Frau, Mk 5,25ff).

• Gegen eine damals männerzentrierte und patriarchalische Gesellschaft setzt Jesus bewusst und öffentlich neue Akzente. Er verkündet, dass sich Gottes Barmherzigkeit

116

ohne Unterschied allen zuwendet. Jede Abgrenzung ist für ihn bedeutungslos, auch und gerade die kultische Ausgrenzung, wenn es um den Menschen geht, der Hilfe braucht. Der Mensch steht bei Jesus immer im Vordergrund, gleich ob Mann oder Frau – das wird aus den Heilungen von Frauen und Männern deutlich. Frauen wie Männern in Not spricht Jesus neue Lebensmöglichkeiten und Mut zu.

• Jesus lehrte Frauen (vgl. die Geschichte von Maria und Marta, Lk 10,38–42) – dies ist völlig unakzeptabel bei streng orthodoxen Juden. Der jüdische Talmud verbot noch 500 Jahre später den Unterricht der Frau (»Mögen die Worte der Tora eher verbrannt werden, aber man soll sie nicht den Weibern ausliefern.«). Dagegen belehrt Jesus Maria. Maria übernimmt somit eine Rolle, die damals eigentlich nur Männern vorbehalten war.

• Anders als bei jüdischen Rabbis, wo nur Männer zum Lehrhaus zugelassen wurden, gehörten sowohl zum engsten Jüngerkreis, der mit Jesus heimatlos durch das Land zog, wie auch zur größeren Anhängergemeinschaft, die Jesus unterstützte, Männer ebenso wie Frauen. Lukas erwähnt solche Jüngerinnen mit Namen: Maria aus Magdala, Johanna, Susanna und viele andere. Jesus also gründete nicht einen rein männlichen Schülerkreis wie die anderen Rabbis, sondern eine Jüngerinnen- und Jüngergemeinschaft. Das ist sein neues Israel, in dem das Erbarmen Gottes für jede und jeden ohne Unterschied und Beschränkung gilt.

• Jesus greift in seinen Gleichnissen und Predigten nicht nur auf die Männerwelt zurück, sondern auch auf die Welt der Frauen. Er spricht von der armen Witwe, die Geld opfert. Dem Gleichnis vom Hausbau durch einen klugen Mann steht das Gleichnis von den klugen Jungfrauen gegenüber. Dem Gleichnis vom guten Hirten und dem verlorenen Schaf steht das Gleichnis von der guten Hausfrau und der verlorenen Drachme gegenüber. Gott wird hier im Bild der Frau gesehen. Auch wenn Jesus in seinem Beten aus jüdischer Tradition heraus Gott als Vater anspricht, so trägt sein Gottesbild sowohl männliche wie weibliche Züge. Sowohl Mann wie Frau sind »Ebenbild Gottes« (vgl. Gen 1,27). Frauen werden in seiner Verkündigung zum Vorbild und Maßstab im Reich Gottes – und das ist ein völliger Neuansatz in der patriarchalisch orientierten Welt des damaligen Judentums: Jesus setzt neue Maßstäbe für eine Wertung von Männern *und* Frauen.

• Wenn trotzdem nur Männer zum Kreis der Zwölf gehörten, liegt das an der symbolischen Aussageweise, die mit den Zwölf gemeint ist: Die zwölf Söhne Jakobs als Stammväter Israels werden gleichsam in den zwölf Aposteln wiederbelebt und konnten in der damaligen Zeit nur durch Männer repräsentiert werden. Dies ist auch der Hintergrund für die Feier des Abendmahls – das mit Jesus anbrechende Reich Gottes wird symbolisch im Mahl der Zwölf mit Jesus repräsentiert: Hier ist das neue Israel, das neue Bundesvolk Gottes.

• An den wirklich zentralen Punkten des Lebensweges Jesu, nämlich bei der Kreuzigung und der ersten Erfahrung des Auferweckten spielen Frauen die entscheidende Rolle – da hat die Satire Recht: Während Männer Jesus verraten, verleugnen und fliehen, begleiten die Frauen Jesus auf seinem Kreuzweg, harren auch unter dem Kreuz aus – so die übereinstimmende Aussage der Evangelien. Und dann werden Frauen zu ersten Zeuginnen des Auferweckten – das ist die klare Aussage der Evangelien. Die Gemeinschaft der Frauen mit Jesus unter dem Kreuz und diese Ersterfahrung des Auferweckten erscheint bedeutsamer als die symbolische Gemeinschaft der zwölf männlichen Apostel beim Abendmahl.

- Mit der Frage der Leitung einer Kirche hat sich Jesus nicht beschäftigt, weil er keine Kirche gegründet hat (vgl. Seite 91ff), geschweige denn, dass er konkrete Anweisungen für Weiheämter in einer solchen Kirche gegeben hat. Das alles ist erst viel später geschichtlich bedingt in der Kirche gewachsen, wir haben diese Entwicklung im vorangegangenen Kapitel aufgezeigt. Aus dieser späteren Gemeindezeit stammen auch die wenigen Sätze zu Kirche in den Evangelien (etwa Mt 16,18 oder Joh 21,16ff) – dies sind entsprechend dem Stand heutiger Bibelwissenschaft keine ursprünglichen Jesusworte, sondern Worte einer späteren Gemeindebildung.

Soweit die Praxis Jesu, zu der man noch viele weitere Beispiele nennen könnte. Doch sehen wir auf die Praxis der Urgemeinde.

Die Praxis der Urgemeinde: »nicht mehr Männer und Frauen ...«
Auch hier zeigen einige Aspekte in ihrer Gesamtheit ein deutliches Bild:

- Gleichsam programmatisch hat Paulus im Galaterbrief die Gemeinschaft der Glaubenden in der Kirche, in den Gemeinden beschrieben: »Es gibt nicht mehr Juden und Griechen, nicht Sklaven und Freie, nicht Mann und Frau, denn ihr alle seid einer in Christus« (Gal 3,28). Dieses programmatische Leitwort hat Paulus und mit ihm viele andere in den ersten Gemeinden in der Anfangszeit der Kirche auch in die Praxis umgesetzt: Frauen wie Männer übernahmen *alle* Dienste in den Gemeinden.

- Männer wie Frauen werden in der Urgemeinde und in den ersten Gemeinden getauft. Eine solche Gleichberechtigung erscheint uns heute selbstverständlich, war es aber in der antiken Welt überhaupt nicht. Frauen gehörten wie Sklaven zum Besitzstand des Hausherrn, wenn ein Mann getauft wurde, wurden alle in seinem Hausstand ohne Unterscheidung getauft. Aber wir finden bereits in den Anfängen auch die Praxis einer von Männern unabhängigen Taufe von Frauen. Da trifft Paulus nach seinem Übersetzen von Kleinasien nach Europa in Philippi auf die Purpurhändlerin Lydia. Und weiter heißt es in der Apostelgeschichte (16,15): »Als sie und alle, die zu *ihrem* Haus gehörten, getauft waren ...« – die erste Christin auf europäischem Boden.

• Männer wie Frauen erhalten ohne Unterschied beim Pfingstereignis den Heiligen Geist (Apg 2,1–13). Auch die Frauen werden also zu Trägerinnen des Geistes Gottes. Dem entspricht auch die Charismen-Theologie des Paulus.

• Männer wie Frauen beteiligen sich an der Verkündigung des Evangeliums. Auch Frauen werden deshalb als Apostel bezeichnet, wie etwa eine Frau namens Junia, die Paulus im Römerbrief erwähnt (Röm 16,7). Katholische Bibelübersetzungen machen daraus übrigens gegen alle Ergebnisse der bibelwissenschaftlichen Forschungen den männlichen Namen »Junias«. Was nicht sein soll, kann es auch nicht gegeben haben – oder Geschlechtsumwandlung auf katholisch, ein Stück Unwahrhaftigkeit, die nicht akzeptabel ist. Aber zurück zur Junia: Hier wird der Apostelbegriff über die Zwölf auf alle ausgeweitet, die sich an der Verkündigung beteiligen, auf den Mann Paulus ebenso wie auf die Frau Junia.

• Männer und Frauen – so die Apostelgeschichte – beten zusammen. In der jüdischen Synagoge waren sie räumlich getrennt; das Wort der Schrift durften dort nur Männer vortragen. Wiederum zeigt sich eine veränderte christliche Praxis gegenüber dem Judentum.

- Frauen leiten Hausgemeinden und dürften deshalb auch ganz selbstverständlich der häuslichen Eucharistie vorgestanden haben (etwa Nympha in Laodizea, Lydia in Thyatira, Tryphäna und Tryphosa, Phoebe, die als *Leiterin* der Gemeinde von Kenchreä bezeichnet wird, vgl. Röm,16,1–16). In der neuen Ordnung des Reiches Gottes, die in der jungen Kirche dargestellt wird, darf es keine Zurücksetzung der Frau geben – dies liegt voll und ganz auf der Linie Jesu.

- Dass Frauen in den Hausgemeinden der ersten Zeit besondere Rollen gespielt haben, wird auch an der Gestalt der Priska (Kosenamen Priszilla) deutlich: Sie hatte als Jüdin zusammen mit ihrem Mann in Rom zu Christus gefunden, war dann aber nach Korinth gekommen. Dort wurden die beiden zu wichtigen Mitarbeitern des Paulus – und Priska vorrangig, sie wird immer an erster Stelle vor ihrem Mann genannt, dies gegen den üblichen Brauch der Antike. Priska war die treibende Kraft und leitete die Hausgemeinde. Dazu dürfte wie selbstverständlich auch die Leitung des Herrenmahls, der Eucharistie, gehört haben.

- Es findet sich auch ein Bespiel für eine gemeinsame Leitung einer Gemeinde: Im Philemonbrief nennt Paulus als Leiter der Hausgemeinde nicht nur den Hausherrn Philemon, sondern auch einen weiteren Mann, Archippus, *und* eine Frau, die Schwester Aphia. Männer und Frauen waren in den Gemeinden des Paulus gleichberechtigt – dies war wahrhaft *katholisch*, weil alle umfassend.

- Frauen treten als Prophetinnen auf, etwa: »Der Evangelist Philippus hatte vier Töchter, die prophetisch redeten« (Apg 21,8), und dies bestimmt nicht in ihrer Kammer, sondern vor versammelter Gemeinde, sonst wüssten wir nichts davon. Auch Paulus setzt im ersten Korintherbrief selbstverständlich voraus, dass Frauen prophetisch reden. (Nur in der

121

Frage der Kopfbedeckung hält er zum damaligen Brauch, dass Frauen dabei ihren Kopf bedecken müssen.) Prophetie meinte damals nicht nur Weissagung, sondern Mahnung und Tröstung, Verkündigung des Willens Gottes. Frauen haben also in den ersten Gemeinden eindeutig gepredigt. Erst später kommt es zum Schweigegebot für Frauen im Gottesdienst, vgl. den *nach*paulinischen ersten Timotheusbrief (2,11) und den späteren Einschub in den ersten Korintherbrief (14,34f). Dieses Schweigegebot entspricht der allgemeinen staatlichen und gesellschaftlichen Praxis der Antike, dass Frauen bei profanen öffentlichen Veranstaltungen nicht reden dürfen. Hier passte sich die junge Kirche leider der allgemeinen gesellschaftlichen Ordnung an.

• Frauen waren Diakone. In der syrischen Didaskalia (um 100) heißt es ausdrücklich: »Ein *vernünftiger* Bischof kann ohne Diakon und Diakonin nicht auskommen.« Von Priestern und Priesterinnen konnte nur deshalb noch nicht die Rede sein, weil es sie in der heutigen Weise zu diesem Zeitpunkt noch gar nicht gab. Auch der zur gleichen Zeit entstandene erste Timotheusbrief mit seinen präzisen Anweisungen für christliche Gemeinden spricht von Männern *und* Frauen im Dienst des Diakons und den persönlichen Voraussetzungen, die sie für diesen Dienst mitbringen müssen. Die syrische Didaskalia begründet den Diakonat von Männern *und* Frauen auch theologisch in einer – für uns heute etwas steilen – These: »Der Bischof wird mit Gottvater verglichen, der Diakon mit Jesus Christus, die Diakonin mit dem Heiligen Geist, die *presbyter* (als Ältestenrat der Gemeinde, nicht als Priester im heutigen Sinn) dagegen stellen »nur« die Apostel dar. Diese Linie einer Weihe von Frauen zu Diakoninnen lässt sich zumindest stellenweise noch bis ins 11. Jahrhundert (Ordo Romanus IX mit der Benediktion von

Diakoninnen) verfolgen. Doch der Widerstand der männerzentrierten Amtskirche war letztlich stärker – die Frau wurde von der Weihe ausgeschlossen.

Man könnte mit solchen Beispielen fortfahren, doch
kommen wir zu Konsequenzen für uns heute.

Heute: Katholisch, allumfassend heißt: Dienst aller
Der Befund im Blick auf Jesus und auf die Anfänge der Kirche ist absolut eindeutig:

• Aus der Sicht des Neuen Testaments, der Gründungsurkunde christlichen Glaubens, spricht nichts gegen eine Beteiligung der Frau an der Leitung der Kirche, an der Leitung
der Gemeinde, an der Leitung der Eucharistie, sondern von
der Praxis Jesu (Gründungsgestalt) und der ersten Gemeinden (Gründungsgemeinschaft) alles dafür.

• Die kirchliche Tradition hat sich ab dem zweiten Jahrhundert anders entwickelt, als es Jesus und die kirchlichen
Anfänge vorgegeben hatten. Im Zuge der Stärkung des
Bischofsamtes, das alle Vollmachten und Entscheidungsbefugnisse an sich zieht, und in einer Zeit, in der die in den paulinischen Gemeinden vorhandenen synodalen Strukturen
gemeinsamer Entscheidungsfindungen zurückgedrängt
werden, wird auch das Engagement der Frau eingegrenzt.
Das kann man aus dem Gesamtgefüge der damaligen
männerzentrierten und patriarchalischen Gesellschaft im
Römischen Reich zwar geschichtlich verstehen, aber im
Blick auf das Wirken Jesu noch lange nicht billigen.

Und weiterhin: Traditionen, die sich in der Geschichte
der Kirche entwickelt haben, können auch wieder geändert werden. Kirche ist immer Kirche in der Geschichte der
Menschen. Und wenn sich die gesellschaftlichen Vorgaben
ändern, wenn also heute die Gleichberechtigung von Mann

und Frau in allen Bereichen des menschlichen Lebens nicht nur gefordert wird, sondern als unverzichtbar gilt, wenn jede Diskriminierung von Frauen als Verstoß gegen unveräußerliche Menschenrechte gewertet werden muss, dann muss auch die Kirche ihre Haltung zur Frau nicht nur überdenken, sondern grundlegend korrigieren. Diese Korrektur geschieht zudem nicht im luftleeren Raum, sondern – wie aufgezeigt – unter Rückgriff auf die andere Praxis Jesu und der ersten Gemeinden.

• Solidarität in der Kirche, Volk Gottes miteinander auf dem Weg, alle Getauften als Glieder am Leib Christi – das alles gibt es erst dann, wenn alle eingebunden sind, wenn alle mitbestimmen können, wenn alle gleiche Rechte und Pflichten haben – »da gibt es nicht mehr Mann und Frau«, sagt Paulus.

• Ein Aufbruch der Kirche ist also erst dann möglich, wenn die Fesseln einer einseitig männerzentrierten Geschichte der Kirche gelöst werden und die Kirche wirklich *katholisch* ist, allumfassend. Katholisch hier im Sinne von alle Menschen ohne Unterschied und Diskriminierung umfassend, katholisch als gleiche Rechte und gleiche Verantwortung für alle, gleiche Zugangsmöglichkeiten zu allen kirchlichen Diensten. »Löscht den Geist nicht aus«, heißt es im Thessalonicherbrief (5,19). Denn – so wissen wir – der weht, wo er will, er ergreift Männer und Frauen ohne Unterschied.

Was könnten konkrete Schritte sein, um den Patriarchalismus und die einseitige Männerorientierung in der Leitung der Kirche zu überwinden? Natürlich bleibt das Fernziel die vollständige Gleichberechtigung von Frauen und Männern auch in der römisch-katholischen Kirche. Auf dieses Ziel haben zum Beispiel einige Frauen aufmerksam gemacht, die während der letzten Papstwahl statt des schwarzen oder am Ende weißen Rauchs aus dem Vatikan *pink smoke*, rosa Rauch hinter dem Vatikan aufsteigen ließen. Solche Frauen in ihrem kreativen und auch humorvollen Einsatz kann man durchaus als *Mutchristinnen* bezeichnen – Paulus hätte seine Freude daran gehabt.

Doch noch vor einer allgemeinen Zulassung von Frauen zu allen Diensten in der Kirche könnten zwei Schritte von Bedeutung sein: die erneute Zulassung von Frauen zur *Diakonenweihe* und die Ernennung von Frauen zu *Kardinälen*.

• *Frauen als Diakone:* Bereits die Deutsche Synode hat 1975 in ihrem Beschluss »Dienste und Ämter« in einem klaren Votum (7.1.3) dafür plädiert, »die Frage des Diakonats der Frau entsprechend den heutigen theologischen Erkenntnissen zu prüfen und angesichts der gegenwärtigen pastoralen Situation womöglich Frauen zur Diakonatsweihe zuzulassen«. Die Synode begründet dies zutreffend vergleichbar unserer Argumentation wie folgt: »Gestützt auf das biblische Zeugnis von der Stellung der Frauen im Jüngerkreis Jesu und die zahlreichen und wichtigen Dienste der Frauen in den neutestamentlichen Gemeinden, wurden in den Ostkirchen und während der ersten christlichen Jahrhunderte vereinzelt auch in den Kirchen des lateinischen Ritus Frauen zu Diakoninnen geweiht ... Diese geschichtlichen Tatsachen waren dem Bewusstsein der Kirche weitgehend entfallen ... Viele Frauen üben ... eine Fülle von Tätigkeiten aus, die an sich dem Diakonenamt zukommen. Der Ausschluss dieser Frauen von der Weihe bedeutet eine theologisch und pastoral nicht zu rechtfertigende Trennung von Funktion und sakramental vermittelter Heilsvollmacht.« Die Synode verweist auch auf die gesellschaftliche Situation: »Die in unserer Gesellschaft anerkannte grundsätzliche Gleichstellung von Mann und Frau sollte auch im kirchlichen Bereich dazu führen, dass die pastoralen und liturgischen Aufgaben des Diakons und der Diakonin einander entsprechen.« Dieses Argument einer Gleichstellung entsprechend dem gesellschaftlichen Wandel weg von einer Diskriminierung der Frau in allen Lebensbereichen lässt sich allerdings ebenso gut auf die anderen Weihestufen Priester und Bischof anwenden.

• *Frauen als Kardinäle:* Die Kardinäle sind ein besonderes Kollegium nicht allein mit dem Recht der Papstwahl, sondern auch der Unterstützung des Papstes in der Leitung der Gesamtkirche, mithin also an entscheidender Schlüsselstelle, was das Handeln der Kirche angeht. Nach dem augenblicklichen Kirchenrecht muss ein Mann, der zum Kardinal erhoben wird, wenigstens die Priesterweihe empfangen haben (Kanon 351, § 1); meist, aber nicht als Voraussetzung, sind neu ernannte Kardinäle Bischöfe. Das war nicht immer so: Papst Gregor XVI. (1831–1846) war der letzte Papst, der Kardinal, aber kein Bischof war – in den Jahrhunderten vorher kam das allerdings häufiger vor. Theodolfo (Theodulf) Mertel (1806–1899), ein bayerischer Einwanderer in Italien war Justiz- und Innenminister des Kirchenstaates. Er wurde als letzter *Laie* ohne Priesterweihe in den Kardinalsstand erhoben (gegen seinen Willen, auch die Priesterweihe lehnte er nach seiner Ernennung zum Kardinal ab).

Laien als Kardinäle hat es in der Kirchengeschichte bis ins 19. Jahrhundert vielfach gegeben. Es spricht nichts dagegen, es in unserer Zeit wieder zu tun. Von dem Hindernis einer fehlenden Priesterweihe kann der Papst kraft Amtes ohne Probleme dispensieren. Die Ernennung von Frauen in das Kollegium der Kardinäle wäre ein entscheidender Schritt, den Patriarchalismus in der Kirche zu überwinden. Es würde auch neue Aspekte in die Wahl von Päpsten einbringen. Wie sagte Papst Franziskus in seinem Interview: »Der weibliche Genius ist nötig an den Stellen (der Kirche), wo wichtige Entscheidungen getroffen werden. Die Herausforderung heute ist: reflektieren über den spezifischen Platz der Frau gerade auch dort, wo in den verschiedenen Bereichen der Kirche Autorität ausgeübt wird.« Dem ist nichts hinzuzufügen außer dem Wunsch, dass die Kirche den Mut hat, solche Schritte in der Praxis auch wirklich zu tun.

»Not«taufe und »Not«eucharistie

Von der Mündigkeit der Laien

»Höhepunkt und Quelle« – mit diesen beiden Worten bezeichnet das erste Dokument des Zweiten Vatikanischen Konzils die Feier der Eucharistie: »Die Liturgie ist der Höhepunkt, dem das Tun der Kirche zustrebt, und zugleich die Quelle, aus der all ihre Kraft strömt ... Aus der Liturgie, besonders aus der Eucharistie, fließt uns wie aus einer Quelle die Gnade zu ...« (Konzil, Beschluss Liturgie 10). Und an anderer Stelle heißt es: »Jede liturgische Feier ... ist in vorzüglichem Sinn heilige Handlung, deren Wirksamkeit kein anderes Tun der Kirche an Rang und Maß erreicht« (Liturgie 7).

Ein hoher Anspruch an die Feier der Eucharistie, der sich aber durchaus begründen lässt aus der Praxis der Mahlgemeinschaft Jesu. Ihm ging es in seinen Zeichen und Wundern um den Beginn der Herrschaft Gottes, um den Anfang des Reiches Gottes mitten in unserer Welt. Das ist die gute Nachricht, das Evangelium, das Jesus in Wort und Tat verkündet: Mit ihm beginnt eine neue Zeit, eine Zeit, in der Gott sein Heil den Menschen ohne Unterschied schenkt, in der Leid und Böses grundsätzlich überwunden sind, in der eine neue Gemeinschaft zwischen Gott und den Menschen möglich wird.

Diese Botschaft realisierte Jesus zeichenhaft in seiner Tischgemeinschaft mit Menschen aller Gruppen und Schichten, in seiner Einladung an alle, auch an die Sünder und moralisch und sozial Deklassierten, zur Gemeinschaft mit ihm zu kommen: »Kommt alle zu mir, die ihr euch plagt und schwere Lasten zu tragen habt« (Mt 11,28). Die Gemeinschaft mit Jesus ist Heilsgemeinschaft. In der Tischgemeinschaft mit Jesus erfahren die Jünger, aber auch andere Menschen, bereits anfanghaft die endzeitliche Zuwendung und Gemeinschaft Gottes.

Die verschiedenen Überlieferungen von Gastmählern Jesu mit Sündern und Zöllnern verweisen auf ein wesentliches Element des Handelns Jesu, das historisch verbürgt ist. Sein Essen mit denen, die aus physischen, moralischen oder sozialen Gründen unrein waren und normalerweise nicht dazugehörten, erregte erhebliches Aufsehen. Jesus aber macht mit dieser Tischgemeinschaft in Art einer prophetischen Zeichenhandlung auf einen Aspekt aufmerksam, der das Reich Gottes wesentlich bestimmt: Gottes Erbarmen wendet sich allen zu, niemand ist davon ausgeschlossen. Noch nicht einmal eine Bekehrung und Lebenswende ist vorab nötig, die Tischgemeinschaft, also das Handeln Jesu und Gottes, stehen voraussetzungslos am Beginn. Daraus kann dann eine Veränderung des Lebens erwachsen (wie etwa bei Zachäus, Lk 19,1–10), doch ist auch hier die Bekehrung keine Voraussetzung für das Heil. Unverdiente Gnade – das ist das Geschenk Gottes an den Menschen.

Die Erinnerung an Jesu Tischgemeinschaft bewirkte in der nachösterlichen Gemeinde die Erzählung von der »Brotvermehrung« (der großen Speisung). Jesus ist hier der Gastgeber, der die Menschen als Prophet Gottes zusammenführt und zeichenhaft bereits die Tischgemeinschaft

Gottes mit den Menschen Wirklichkeit werden lässt. Hier ist das neue Israel, das neue Volk Gottes, bereits sichtbar, hier ist die Endzeit bereits angebrochen.

Auch das Abendmahl, das Abschiedsmahl Jesu mit seinen Jüngern am Abend vor seinem Tod, ist neben anderen Gedanken (Deutung seines Todes) ein Hinweis auf die eschatologische Tischgemeinschaft Gottes mit den Menschen, ist Vorwegnahme »künftiger Herrlichkeit«. Dies klingt erst recht in der Tischgemeinschaft des Auferstandenen mit seinen Jüngern an, etwa in der Emmauserzählung (Lk 24,30) oder im Mahl mit den Jüngern in Galiläa (Joh 21,13). Die irdische Tischgemeinschaft wird vom Auferstandenen fortgesetzt und so gleichsam zu einem Kennzeichen seines Wirkens gemacht. Die Einladung Gottes an die Menschen bleibt bestehen, ja gelangt durch den Gekreuzigten und Auferstandenen erst recht zu ihrer heilbringenden Gestalt. Die Lebenspraxis Jesu in seinem irdischen Leben ist nichts anderes als die Praxis des Reiches Gottes, schafft unbedingte Gemeinschaft mit Gott und auch untereinander.

Dass das christliche Abendmahl, die Feier der Eucharistie, die innere Mitte der christlichen Gemeinden geworden ist, der Höhepunkt allen Tuns der Kirche, die Quelle aller Kraft, kann sich somit auf die vor- und die nachösterliche Praxis Jesu berufen: Im gemeinsamen Mahl begegnet Gottes Barmherzigkeit, wird Jesus als der Lebende erfahrbar, entsteht eine neue Gemeinschaft von Menschen, die den Herrn als den Auferstandenen und Maßgebenden ihres Lebens bekennen: »Gott aber hat Jesus von Nazaret am dritten Tag auferweckt und hat ihn erscheinen lassen ... uns, die wir mit ihm nach seiner Auferstehung von den Toten gegessen und getrunken haben« (Apg 10,40–41). Die Feier der Eucharistie ist *communio*, Gemeinschaft mit Gott und den Menschen.

Jesu Praxis einer Mahlgemeinschaft *ohne jede Vorbedingung*, ja sogar bewusst mit »Zöllnern und Sündern« (Mt 9,10), muss ein Maßstab für Christinnen und Christen aller Zeiten sein. Leider gibt es in der römisch-katholischen und der orthodoxen Kirche heute Zulassungsbedingungen bzw. Ausschlusskriterien, die zwar nicht die Teilnahme am Gottesdienst, wohl aber die innere Mitte, den Kommunionempfang einschränken (etwa Ausschluss von evangelischen Christen, Ausschluss von wiederverheirateten Geschiedenen, weil bei ihnen von einer fortdauernden schweren Schuld ausgegangen wird). Sicher steht hinter solchen Forderungen der Kirche die Sorge um die Eucharistie, aber bei vielen Menschen führt diese rigorose Praxis zur Abwendung von Kirche überhaupt. Wenn man jedoch auf das Beispiel Jesu schaut, darf es *keine* Ausgrenzung geben – gerade die »Sünder« brauchen den Arzt«, so Jesus (Mk 2,17), brauchen die Kraftquelle Eucharistie. Außerdem sollte sich die Kirche immer bewusst bleiben, dass der eigentlich Einladende nicht die Kirche ist, sondern Christus selbst – dessen Praxis seines für alle offenen Mahls muss deshalb auch Richtschnur für das Handeln der Kirche sein.

Papst Franziskus hat dies in aller Klarheit wie folgt benannt (EG 47): »Die Kirche ist berufen, immer das offene Haus des Vaters zu sein ... Alle können in irgendeiner Weise am kirchlichen Leben teilnehmen, alle können zur Gemeinschaft gehören, und auch die Türen der Sakramente dürften nicht aus irgendeinem beliebigen Grund geschlossen werden. Das gilt vor allem, wenn es sich um jenes Sakrament handelt, das ›die Tür‹ ist: die Taufe. Die Eucharistie ist, obwohl sie die Fülle des sakramentalen Lebens darstellt, nicht eine Belohnung für die Vollkommenen, sondern ein großzügiges Heilmittel und eine Nahrung für die Schwachen.

Diese Überzeugungen haben auch pastorale Konsequenzen, und wir sind berufen, sie mit Besonnenheit und *Wagemut* in Betracht zu ziehen. Häufig verhalten wir uns wie Kontrolleure der Gnade und nicht wie ihre Förderer. Doch die Kirche ist keine Zollstation, sie ist das Vaterhaus, wo Platz ist für jeden mit seinem mühevollen Leben.«

Das entsprechend dem Beispiel Jesu *offene Gastmahl* als innere Mitte kirchlichen Lebens ist nur ein, wenn auch im ökumenischen Dialog wichtiges, Postulat. Zwei weitere Probleme verstärken sich in unserer Zeit rapide, die in einem inneren Zusammenhang stehen: der stark abnehmende Besuch der Eucharistiefeiern und die ebenso stark abnehmende Zahl der Priester, was zu einer geringeren Zahl von Gottesdiensten führt. Man kann von einem Verlust der Mitte kirchlichen Lebens und von einer Krise der Eucharistie in unserer Zeit sprechen. Betrachten wir diese Punkte und suchen nach möglichen Wegen für die Zukunft:

Rückgang der Gottesdienstbesucherzahlen:
Viele Menschen fühlen sich in den heutigen Gottesdiensten nicht mehr zu Hause. Nach dem Konzil war ein deutlicher Aufbruch in den Gemeinden zu spüren – die Muttersprache in der Liturgie, die neuen Dienste in der Eucharistie auch für Laien (Lektoren, Kommunionhelfer ...) bzw. eine bessere Wertschätzung für Dienste wie Chöre und Musikgruppen und vieles andere mehr. Heute zeigt sich ein anderes Bild: So wie im letzten Satz von Joseph Haydns »Abschiedssinfonie« ein Musiker nach dem anderen seine Kerze löscht und den Orchesterraum verlässt, so verlassen zunehmend die Gläubigen den Gottesdienstraum.

Der Rückgang der Gottesdienstbesucherzahlen in den letzten Jahren ist mehr als deutlich. Wo früher ein regelmäßiger Gottesdienstbesuch als selbstverständlich angesehen wurde und Kinder ebenso selbstverständlich in die Messe mitgenommen wurden, ist heute ein regelmäßiger sonntäglicher Gottesdienstbesuch selten geworden und wird meist nur von älteren Christinnen und Christen und von einigen wenigen Familien mit Kindern praktiziert. Selbst viele Christen, die sich in kirchlichen Gruppen engagieren, nehmen nur unregelmäßig an der Feier der Eucharistie teil. In vielen Gottesdiensten gibt es nahezu keine Kinder mehr, und die wenigen, die da sind, fühlen sich oft nicht wohl.

Diese Entwicklung ist auf unterschiedliche Gründe zurückzuführen, nur wenige können hier genannt werden:

• *Entfremdung von der Kirche:* Die Kirche als Institution und viele ihrer Amtsträger ebenso wie die meisten kirchlichen Verlautbarungen und offiziellen Texte erscheinen als weltfremd, überholt und nicht länger zeitgemäß. Die Kirche entfernt sich in Inhalten und Sprache immer mehr von einer sich rasant verändernden Gesellschaft. Entsprechend tief wird die Kluft zwischen vielen Menschen und kirchlichen Lebensformen. Dies wirkt sich unmittelbar auf die Feier der Eucharistie aus.

• *Gottesdienst als fremde Welt:* Die Gestaltung der Gottesdienste empfinden viele als ein Geschehen aus einer fernen Welt. Gottesdienstsprache (etwa die aus einer lateinischen Vorlage übersetzten Gebete des Messbuchs), Lieder, Predigttexte entsprechen nicht dem Empfinden vieler Menschen. Die kirchliche Botschaft wird insgesamt als veraltet und deshalb irrelevant angesehen. Die Gottesdienstgemeinde wird nur selten als Gemeinschaft empfunden, in der man sich wohl fühlt.

• *Religion als Privatsache:* Die Einstellung vieler zu Religion und christlichem Glauben hat sich grundlegend gewandelt. Religiöse Themen sind zur Privatsache geworden, man bindet sich weniger in Gemeinschaften ein und übernimmt weniger deren Vorstellungen und Regeln, sondern setzt sein Weltbild und seine religiösen Vorstellungen aus Mosaiksteinen vieler religiöser Strömungen zusammen. Die Feier der Eucharistie als Mitte christlichen Glaubens und der Gemeinde verliert auch dadurch an Bedeutung.

Viele weitere gesellschaftliche, persönliche und kirchliche Gründe lassen sich für den Rückgang des Gottesdienstbesuches nennen. Was tun?

Das Konzil hat dazu – natürlich noch nicht im Bewusstsein der heutigen Entwicklung – einen Weg aufgezeigt, der von der Kirche heute mehr denn je zu beachten ist. »... es ist der Wunsch der ... Kirche, eine allgemeine Erneuerung der Liturgie sorgfältig in die Wege zu leiten. Denn die Liturgie enthält einen kraft göttlicher Einsetzung unveränderlichen Teil und Teile, die dem Wandel unterworfen sind. Diese Teile können sich im Laufe der Zeit ändern, oder sie müssen es sogar, wenn sich etwas in sie eingeschlichen haben sollte, was der inneren Wesensart der Liturgie weniger entspricht oder wenn sie sich als weniger geeignet herausgestellt haben« (Liturgie 21). Was nottut ist demnach eine ständige Reform der Liturgie entsprechend der sich rasch verändernden Sprache, der neuen Denk- und Lebensweisen von Menschen.

Man wird demnach künftig mehr darauf achten müssen, Leben und Glauben der Gottesdienstbesucher auch in den Texten und Riten aufscheinen zu lassen. Das bedingt ständige Neuformulierungen, aber auch eine größere Freiheit in den Formulierungen innerhalb unterschiedlicher Gemeinden. Die Liturgie ist natürlich von einem bestimmten, geschichtlich gewachsenen und seit dem Trienter Konzil

(1545–1563) zentral von Rom vorgeschriebenen Ritual geprägt – dem sind die Zelebranten durchaus verpflichtet. Aber ebenso und noch stärker sind die Zelebranten den Mitgliedern ihrer Gottesdienstgemeinde verpflichtet.

In den letzten Jahren ist in vielen Teilen der deutschen Kirche von den Kirchenoberen peinlich genau darauf geachtet worden, dass die Liturgie »rite et recte« (»in ordnungsgemäßer und richtiger Weise«), also getreu dem Buchstaben des Messbuchs gefeiert wird. Gruppen vom rechten Rand der Kirche scheuen sich nicht vor Denunziationen zurück, wenn Worte nicht exakt mit den Formulierungen des Messbuchs übereinstimmen, kirchliche Sanktionen folgen dann den Beschwerden solcher Gruppen. So aber, ohne lebendigen Bezug zu den Menschen in der Gemeinde, erstarrt die Liturgie zu einem »Schallplattenritual«, das abgespult wird. Der Essener Bischof Franz-Josef Overbeck wendet sich dagegen, dass die Liturgie zum Streitfeld kirchlicher Rechtgläubigkeit gemacht wird: »Ein Denunziantentum bei der Diskussion um die verschiedenen Formen der Liturgie lehne ich ab, und es bringt uns nicht weiter.« Er ermuntert zu einem weiten Verständnis der Liturgie und zu mehr freiem Beten im Gottesdienst. Situationsgerechte Glaubensrituale sind deshalb notwendig – so sein Generalvikar Klaus Pfeffer.

Wir brauchen deshalb mehr Freiheit und Eigenverantwortung in der Gestaltung. Natürlich muss der innere Kern (Wortverkündigung und Mahl des Herrn) bleiben, aber eine Buchstabentreue ohne Bezug zur Gottesdienstgemeinde treibt gerade aufgeschlossene Menschen aus den Gottesdiensten. Wie sagte Paulus: »Gott hat uns fähig gemacht, Diener des Neuen Bundes zu sein, nicht des Buchstabens, sondern des Geistes. Denn der Buchstabe tötet, der Geist aber macht lebendig« (2 Kor 3,6). Wir brauchen die »Freiheit der Christenmenschen« auch und gerade in der Gestaltung der Gottesdienste. Auch hier gilt: Nicht *Kirchenschafe* sind das Gebot der Stunde, sondern *Mutchristen*, die für die Menschen Liturgie gestalten und nicht für den Buchstaben eines Rituales.

Rückgang der Priesterzahlen:
Der sich in den nächsten Jahren dramatisch verschärfende Priestermangel wird zu einem erheblichen Rückgang der Eucharistiefeiern führen. Besonders in kleineren Gemeinden wird künftig nicht mehr regelmäßig jeden Sonntag eine Feier der Eucharistie stattfinden. Zudem geht der persönliche Kontakt zwischen dem Priester als Leiter der Eucharistie und der Gemeinde verloren, wenn ein Priester mehrere Gemeinden zu betreuen hat und in seiner seelsorglichen Arbeit permanent überfordert ist – nicht länger Seelsorger, sondern Seelsorgemanager eines unüberschaubaren Gebietes mit langen Fahrzeiten. Man kann angesichts der augenblicklichen Gestalt des Priesterberufes keinem jungen Menschen mit gutem Gewissen raten, diesen Beruf zu ergreifen. Es ist der Weg in ein Hamsterrad von Überlastung und Überforderung. Das Ergebnis dieser strukturellen Überforderung sind dann häufig »pastorale Bruchpiloten«, die sich auf eine autoritäre Pfarrerrolle zurückziehen und durchaus wohlwollende und engagierte Laien vergraulen.

Doch auch in diesem Punkt hat das Konzil in mehreren seiner Dokumente (Liturgie, Laien, Kirche, vgl. auch Seite 39ff) einen Ausweg aus der Personalknappheit ermöglicht, der im Folgenden dargestellt werden soll:

• In der Liturgiekonstitution heißt es: »Die Kirche wünscht sehr, alle Gläubigen möchten zu der vollen, bewussten und tätigen Teilnahme an den liturgischen Feiern geführt werden, wie sie das Wesen der Liturgie selbst verlangt und zu der ›das christliche Volk, das auserwählte Geschlecht, das königliche Priestertum, der heilige Stamm, das Eigentumsvolk‹ (1 Petr 2,4–5.9) kraft der Taufe berechtigt und verpflichtet ist« (Liturgie 14). Auch die Laien also sind in der Liturgie nicht *Objekte*, mit denen ein Priester handelt, sondern aus eigener Berechtigung *Subjekte* liturgischen Handelns, sie sind »eine königliche Priesterschaft«.

Das wird durch einen anderen Gedanken gestärkt: Am Anfang der Liturgiekonstitution wird über die Gegenwart Christi in liturgischen Handlungen reflektiert. Dabei stellt das Konzil eine vierfache Gegenwart Christi im Gottesdienst fest: »Gegenwärtig ist er sowohl in der Person dessen, der den priesterlichen Dienst vollzieht ... wie vor allem unter den eucharistischen Gestalten ... Gegenwärtig ist er in seinem Wort (heilige Schriften) ... Gegenwärtig ist er schließlich, wenn die Kirche betet ... ›Wo zwei oder drei versammelt sind in meinem Namen, da bin ich mitten unter ihnen‹ (Mt 18,20)« (Liturgie 7). Gegenwärtig ist Christus also in zwei nichtpersonalen Gestalten: im Wort der Schrift und im Brot und Wein der Eucharistie. Er ist gegenwärtig in zwei personalen Gestalten: im Priester und in der Gemeinde. Damit ist eine hohe Wertschätzung der Gottesdienst feiernden Gemeinde, also der Laien, ausgesprochen. Sie sind keine Kirchenschafe, die man behandelt, sondern sie handeln in der Liturgie aus ihrem ureigenen Selbstverständnis als Volk Gottes und als königliches Priestertum heraus.

Das wird im Dekret über das Apostolat der Laien bestätigt: »Die Laien hingegen, die auch am priesterlichen, prophetischen und königlichen Amt Christi teilhaben, verwirklichen in Kirche und Welt ihren eigenen Anteil an der Sendung des ganzen Volkes Gottes« (Laien 2). Und weiter:

»Aus dem Empfang dieser Charismen«, d.h. der Gaben des Heiligen Geistes an alle Gläubigen, »erwächst jedem Glaubenden das Recht und die Pflicht, sie in Kirche und Welt zum Wohl der Menschen und zum Aufbau der Kirche zu gebrauchen« (Laien 3). Nicht von *Kirchenschafen* ist hier die Rede, sondern von eigenverantwortlich handelnden und mündigen Laien.

Und in der Konstitution über die Kirche heißt es in Kapitel 4 über die Laien ähnlich: »Der Apostolat der Laien ist Teilnahme an der Heilssendung der Kirche selbst. Zu diesem Apostolat werden alle vom Herrn selbst durch Taufe und Firmung bestellt« (Kirche 33). Der für unser Thema Rückgang der Priesterzahlen und Rückgang der Eucharistiefeiern wichtige Gedankengang folgt kurz darauf: »Daher können und müssen die Laien ... eine wertvolle Wirksamkeit zur Evangelisation der Welt ausüben. Wenn nun einige von ihnen beim Mangel an geweihten Amtsträgern oder bei deren Verhinderung ... gewisse heilige Aufgaben stellvertretend erfüllen und viele von ihnen ihre ganzen Kräfte dem apostolischen Werk widmen ...« (Kirche 35).

Was heißt in diesem Zusammenhang »*gewisse heilige Aufgaben*«? Das Konzil hat dies nicht näher ausgeführt und konnte es in seiner Zeit auch nicht. Wohl aber können wir heute angesichts veränderter Verhältnisse in Gesellschaft und Kirche eine entscheidende Folgerung aus diesem Satz ziehen und sowohl in eine theologische Diskussion wie auch in die Praxis von Kirche einbringen:

Die römisch-katholische Kirche kennt sieben Sakramente, die – so das Kirchenrecht von 1983 in Kanon 840 – »in sehr hohem Maß dazu beitragen, dass die kirchliche Gemeinschaft herbeigeführt, gestärkt und dargestellt wird«. Unter den sieben Sakramenten ragen die Taufe und die

Eucharistie besonders hervor. Die Taufe ist »die Eingangs-pforte zu den Sakramenten« (Kanon 849) und deshalb das wohl wichtigste Sakrament. In der Regel wird die Taufe von einem Priester oder Diakon gespendet. Doch gibt es davon eine bedeutende Ausnahme: »Ist ein ordentlicher Spender nicht anwesend oder verhindert, so spendet die Taufe ... *im Notfall* sogar jeder von der nötigen Intention geleitete Mensch« (Kanon 861, § 2).

Im Notfall kann also jeder und jede das wichtigste Sakra-ment der Kirche spenden – die »Nottaufe« ist nicht nur er-laubt, sondern dort angebracht, wo die Ordnung der Kirche (ordentlicher Taufspender Priester oder Diakon) nicht mög-lich ist. Es ist zu fragen, ob man diese Regelung nicht an-gesichts eines zunehmenden Priestermangels und deshalb zurückgehender Zahl der Eucharistiefeiern auch auf die Eu-charistie anwenden kann und in unserer Zeit und unter un-seren Bedingungen zum Wohl der Gemeinden auch muss. Es geht also um eine »*Noteucharistie*«, wenn der ordentliche Leiter (Priester) nicht anwesend oder verhindert ist. Was bei dem wichtigsten Sakrament, der Taufe, den Laien zugestan-den wird, kann nicht bei anderen Sakramenten, die der Tau-fe folgen, verweigert werden, etwa auch bei der Assistenz einer kirchlichen Trauung. Spender sind bei der Trauung die beiden Eheleute selbst, der Priester oder Diakon assistiert nur – warum nicht auch ein Laie?

Eine solche Lösung ist natürlich im augenblicklichen Kir-chenrecht nicht enthalten. Dort ist nach Kanon 900 der Ze-lebrant der Eucharistie nur der »gültig geweihte Priester«. Doch das Kirchenrecht ist eine menschliche und geschicht-lich bedingte Angelegenheit und kann jederzeit geändert werden. Hinzu kommt, dass in der Anfangszeit der Kirche jeweils der Hausherr (und wohl auch die Hausfrau, vgl. Seite 121) auch der Leiter der Eucharistie war – noch bevor überhaupt Ämter wie Priester oder Bischof entstanden (vgl. Seite 29ff zu den paulinischen Gemeinden). Auch ist bekannt, dass in bestimmten Verfolgungssituationen eine von Laien geleitete Eucharistie wesentlich dazu beigetragen hat, den Glauben dann weiterzugeben, wenn die Priester durch Inhaftierung (wie etwa in der früheren Tschechoslowakei) nicht handeln konnten oder gar ganz abwesend waren (wie etwa bei den japanischen Christen bei Nagasaki in der Zeit der Abschließung Japans von der Außenwelt, 16. – 19. Jahrhundert). Auch gibt es immer wieder Berichte aus Lateinamerika (vor allem Brasilien) und Schwarzafrika, dass dort bei langer Abwesenheit eines Priesters Ordensfrauen oder Katecheten Eucharistie gefeiert haben. Natürlich war dies unerlaubt, aber muss es deshalb im Blick auf Jesu Praxis des offenen Mahles und auf die Charismen-Theologie des Paulus auch ungültig sein? »Noteucharistie«?

Die »Noteucharistie«, von Laien geleitet, kann eine sinnvolle und auch notwendige Perspektive für die Zukunft der Kirche sein. In ihr wird das Volk Gottes, das gemeinsam auf dem Weg ist, in neuer Weise sichtbar. In ihr wird der eigenständige Wert jedes Laien – gleich ob Mann oder Frau – betont und öffentlich dargestellt. In ihr wird die Möglichkeit eröffnet, dass auch in Zukunft überall dort Eucharistie gefeiert werden kann, wo Christen zu Gemeinschaften zusammenkommen – gleich wie groß diese Gemeinschaften sind. Auch wenn es sich »nur« um Hausgemeinden handelt (ohne Kirchenraum und Kirchenangestellte) – die Feier der Eucharistie kann auch in diesem Rahmen die innere Mitte der Kirche sein. Dass Laien für die Übernahme eines bislang ungewohnten Dienstes entsprechende Hilfen brauchen, versteht sich von selbst. Hier erscheint das Modell des französischen Bistums Poitiers sinnvoll, wo in den einzelnen Gemeinden jeweils eine Equipe (»Mannschaft«) von Laien, Frauen wie Männern, Verantwortung trägt, diese Equipes aber in größeren Zusammenhängen an einen Priester angebunden sind, der nicht der letztlich Entscheidende ist, sondern derjenige, der spirituelle Impulse gibt und theologische und pastorale Hilfen.

Ich plädiere deshalb aus gewichtigen pastoralen Gründen (Recht der Gemeinden auf regelmäßige Feier der Eucharistie auch in Zeiten des Priestermangels) mit Nachdruck für eine theologische Besinnung und Begründung einer »Noteucharistie« durch Laien. Ich plädiere für eine mutige Entscheidung der verantwortlichen Amtsträger um der Zukunft der Kirche und der Gemeinden willen. Dabei ist mir bewusst, dass ein solcher Aufbruch in der festgefahrenen Situation der Kirche erhebliches Umdenken bei den Entscheidungsträgern, aber auch bei den betroffenen Laien erfordert. Aber was wollen wir: *Kirchenschafe*, die belämmert ohne jede Veränderung immer den alten Trott traben, oder *Mutchristen*, die den christlichen Glauben auch in einer veränderten Gesellschaft feiern und an die nachfolgenden Generationen weitergeben? Was wollen wir: Im Museum der Kirche die Dinosaurierknochen einer kirchlichen Vergangenheit ausstellen oder als lebendige Gemeinschaft in je neuer Zeit und Kultur einen Weg zum Heil suchen? Was wollen wir: Asche bewahren oder ein Feuer weitergeben?

Aufbruch

Von Postulaten für die Zukunft der Kirche

»*Ein Postulat*« ist – laut Fremdwörterduden – »eine Forderung oder eine sachlich oder denkerisch notwendige Annahme, die unbeweisbar, aber durchaus glaubhaft und einsichtig ist«. Ein Postulat ist ein Gefordertes oder Erbetenes, ein – nach Immanuel Kant – »Grundsatz, der eine mögliche Handlung bestimmt«. Postulate können philosophisch normative Forderungen sein, die auf das Handeln des Menschen zielen.

Im Folgenden sollen nun systematisch Postulate für Kirche, Gemeinden und jede und jeden Einzelnen aufgeführt werden: Wie können wir Kirche und Gemeinden so gestalten, dass sie nicht rückwärtsorientiert sind, sondern in Zukunft Bestand haben? Wie können wir statt lähmender Resignation und destruktiver Lethargie den Mut zum Aufbruch gewinnen, auch wenn dies ein Zurücklassen von Hergebrachtem bedeutet, das oftmals sinnentleert geworden ist? Also nicht nur den Kopf schütteln angesichts des Zustands der Kirche, sondern anpacken und aufbauen. Also nicht Kirche und Gemeinden visionslos ausbluten lassen und von der kleinen Herde träumen, die abgekapselt gegenüber der bösen Welt steht, sondern Sand ins Getriebe kirchlicher Betriebsamkeit streuen, um dadurch wieder zum Wesentlichen zu kommen und viele belastende alte Zöpfe abschneiden. Also den »Großen Sprung nach vorn« wagen – wie es Papst Johannes XXIII. vor dem Konzil ausgedrückt hat (ob er sich dabei bewusst war, dass dieses Wort von Mao Zedong eine Kampagne der Volksrepublik China von 1958 bis 1961 bezeichnete?).

Wir gliedern die folgenden Postulate in die Themen Kirche und Kirchenstruktur, Liturgie und den Blick über die Kirche hinaus auf Ökumene, nichtchristliche Religionen und Religionsfreiheit.

Acht Postulate zum Thema Kirche:

1. Synodalität und Kollegialität

Papst Franziskus betont in seinem Interview mit den Jesuitenzeitungen »den Weg der Synodalität«, der stärkere Beachtung finden muss: »Man muss gemeinsam gehen: Volk, Bischöfe, Papst. Synodalität muss auf verschiedenen Ebenen gelebt werden ... «

Das Zweite Vatikanische Konzil hat in den Dokumenten über die Kirche und über die Bischöfe versucht, einen Gegenpol gegen die einseitige Betonung des Ersten Vatikanums zu finden, bei der es 1870 wegen des Abbruchs durch Kriegsausbruch nur zu einem Dokument über den Papst kam (universelles Jurisdiktionsprimat und Unfehlbarkeit in sehr eingegrenzten Fragen des Glaubens und der Moral). Das Zweite Vatikanum will durch Bischofskonferenzen in einzelnen Ländern oder Sprachgebieten und durch die Römische Bischofssynode dem monarchischen Leitungsamt des Papstes eine synodale Struktur an die Seite stellen. Dies wurde aber vom Konzil selbst nicht ausreichend institutionell verankert (etwa im Kirchenrecht), sodass die dem Konzil folgenden Ausführungsbestimmungen der Römischen Kurie das Anliegen der Konzilsbischöfe zurückstutzten. Deshalb ist notwendig:

• Die *Bischofskonferenzen* der einzelnen Länder (etwa Deutsche Bischofskonferenz) sollten rechtlich so gefasst werden, dass sie nicht allein ein unverbindliches Beratungsgremium sind, von dessen Beschlüssen sich jeder Ortsbischof wieder distanzieren kann. Sie sollten innerhalb eines genau festgelegten Rahmens Verbindlichkeit für die Kirche des betreffenden Landes haben (vgl. auch Seite 153).

• Die vom Konzil gewollte *Bischofssynode* sollte nicht allein ein unverbindliches und nur selten zusammentretendes Beratungsgremium des Papstes sein, sondern ein mindestens zweimal jährlich tagendes Entscheidungsgremium zusammen mit dem Papst (dieser mit Vetorecht?), das verbindliche Beschlüsse für die ganze Kirche oder für Teilbereiche fasst. Die Bischofssynode wächst so zu einer Art kirchlichem Parlament heran (entsprechend ähnlicher Strukturen sowohl in den orthodoxen wie in den protestantischen Kirchen).

• Auch das *Papstwahlrecht* kann der Bischofssynode übertragen werden (eventuell gemeinsam mit dem Kardinalskollegium). Statt einer Wahl ausschließlich durch die von einem Papst ernannten Kardinäle (auch Frauen?, vgl: Seite 126f) würde die Papstwahl universeller verankert durch die Delegation der Mitglieder der Bischofssynode aus allen Regionen der Kirche. Die ursprüngliche Bestimmung des Papstamtes als Dienst an der Einheit der gesamten Kirche, aber auch als Dienst an der Vielfalt der einzelnen Kirchen würde so deutlicher. Das Kardinalskollegium ist durch die Ernennungen im Februar 2014 zwar internationaler geworden, doch wäre eine Bestellung des Papstwahlgremiums und seines Beraterstabes durch Wahl von unten (aus den Bischofskonferenzen) sinnvoller als die Bestimmung von oben (durch den Papst), wie es derzeit bei den Kardinälen der Fall ist.

• Reform der *Römischen Kurie*: Papst Franziskus gibt eine klare Richtung vor: »Die römischen Dikasterien (Kongregationen, Räte und andere Ämter) stehen im *Dienst* des Papstes und der Bischöfe. Sie müssen den Ortskirchen helfen ... Es sind Einrichtungen des Dienstes ... Sie laufen Gefahr, Zensurstellen zu werden ... Die römischen Dikasterien sind Vermittler, sie sind nicht autonom.« Die Römische Kurie ist also nicht ein eigenständiges, autoritäres oder gar unfehlbares Weisungsorgan für die Weltkirche und für die Bischöfe, sondern hat zu dienen. Dies bedeutet einen völligen Kurswechsel im Verhältnis Roms zu den einzelnen Ortsbistümern. Auch das wird von Papst Franziskus (natürlich auf dem Hintergrund seiner Erfahrung als Bischof in Lateinamerika) klar gesehen, wenn er schreibt (EG 16): »Ich glaube nicht, dass man vom päpstlichen Lehramt eine endgültige oder vollständige Aussage zu allen Fragen erwarten muss, welche die Kirche und die Welt betreffen. Es ist nicht angebracht, dass der Papst die örtlichen Bischöfe in der Bewertung aller Problemkreise ersetzt, die in ihren Gebieten auftauchen. In diesem Sinn spüre ich die Notwendigkeit, in einer heilsamen ›Dezentralisierung‹ voranzuschreiten.«

2. Synodales Prinzip in Ortskirchen und Gemeinden

• Synodalität und Kollegialität müssen auch in allen weiteren Leitungsebenen zu einer strukturellen Veränderung führen. Dabei geht es nicht um unverbindliche Beratungsgremien, sondern um Beschlussgremien wie bei den »Ältesten« (»presbyter«) der paulinischen Gemeinden.

- In den *Ortskirchen* (= Bistümern) soll ein synodales Gremium zusammen mit dem Bischof alle notwendigen pastoralen Entscheidungen treffen. Dies geht über die Praxis eines aus Laien zusammengesetzten Kirchensteuerrates hinaus, der nur finanzielle Fragen des Bistumsetats entscheidet. Dies unterscheidet sich aber auch vom Priesterrat einer Diözese, dem gewählte und ernannte Kleriker angehören mit einem nur beratenden Stimmrecht (Kirchenrecht Kanon 500, §2). Einem synodalen Diözesangremium aus Laien und Klerikern müssen sowohl für die Verwaltung wie auch für die pastoralen Schwerpunkte rechtlich verankerte Entscheidungsbefugnisse zugewiesen werden. Das Verhältnis einer solchen Synode zum Bischof darf nicht im Sinne einer Über- oder Unterordnung einer Seite definiert werden.

- Es muss absolute Transparenz in finanziellen Fragen herrschen: Die Finanzmittel einer Diözese, gleich ob aus Kirchensteuermitteln, Spenden, staatlichen Zuschüssen oder dem kirchlichen Vermögen, müssen dem Volk Gottes uneingeschränkt nachgewiesen und auch von ihm verwaltet werden. Das Geld der Diözese, auch das des sogenannten »Bischöflichen Stuhls« gehört dem Volk Gottes, nicht dem Bischof allein. Der Skandal um den ehemaligen Limburger Bischof Tebartz-van Elst und den Neubau seines Bischofssitzes hat dies in der deutschen Öffentlichkeit neu ins Bewusstsein gerufen. Und so ist zu fragen: Warum werden nicht alle geheimen Kassen (von »schwarzen Kassen« ganz zu schweigen) in den Gesamthaushalt (laufenden Haushalt wie Vermögenshaushalt) der Diözesen integriert und damit auch einer Kontrolle durch Laiengremien (etwa Kirchensteuerrat) zugänglich gemacht?

- Was für die Ortskirchen gilt, muss auch für die einzelnen *Gemeinden* gelten: Auch hier müssen die Entscheidungsrechte des Pfarrgemeinderates gestärkt und institutionell besser verankert werden. Er darf nicht zum reinen Beratungsgremium verkümmern, sondern muss entsprechende Kompetenzen haben, das Wohl der Gemeinde in allen Bereichen zu fördern und entsprechende Entscheidungen dazu zu treffen.

• Wie die Bischofssynode das Papstwahlrecht erhalten könnte, so könnten auch die synodalen Gremien in Ortskirche und Gemeinden entscheidend an der Wahl neuer Bischöfe oder Pfarrer beteiligt werden. In der evangelischen Kirche gibt es teilweise solche Strukturen – sie sind also christlicher Tradition nicht fremd (vgl. auch die Wahl [das Los] des Apostels Matthias durch die ganze Gemeinde [Apg 1,15–26) oder die Wahl der Sieben [Apg 6,1–7]).

3. Theologie des Priestertums

• Nach der Besinnung auf das Amt des Papstes (Erstes Vatikanum) und das der Bischöfe (Zweites Vatikanum) ist eine theologische Besinnung auf den priesterlichen (und diakonischen) Dienst in der Kirche notwendig. Dabei geht es nicht nur um die Frage der Eingliederung der Priester in den hierarchischen Aufbau der Kirche (also ihre Verantwortung nach oben unter dem Stichwort des Gehorsams). Vielmehr muss auch die Verantwortung des Priesters für die ihm anvertraute Gemeinde und sein Zusammenspiel mit den Gremien der Gemeinde, besonders dem mit stärkeren Entscheidungskompetenzen ausgerüsteten Leitungsgremium rechtlich gefasst werden.

• Bei allen Ämtern und Verantwortungsebenen der Kirche muss entsprechend dem Beispiel Jesu das Stichwort *Dienst zum Wohle aller* das entscheidende Kriterium sein. Kirche ist kein Selbstzweck, sondern sie hat nur eine Existenzberechtigung, wenn sie den Menschen dient. Entsprechend ist auch die Lebensweise der kirchlichen Diener auszurichten – nicht über den Menschen oder abgeschottet von ihnen durch besonderen Lebensstil, Kleidung, Titel und anderes mehr, sondern als Dienst mitten unter den Menschen.

4. Dienst an Kirche, Gemeinde und Welt

• Die Glieder der Kirche sind miteinander Volk Gottes auf dem Weg, sie sind keine unmündige Herde, über die bestimmt werden muss, keine Objekte, die man behandeln kann. Vielmehr muss in allen kirchlichen Bezügen – vom Kirchenrecht bis hin zur pastoralen Praxis – immer das vorrangige Leitwort sein, dass jeder Christ und jede Christin *Subjekt* mit einem von niemandem einzugrenzenden Recht auf freie Entscheidung und freie Gestaltung seines Lebens ist. Der Papst sagt dazu: »Das Bild der Kirche, das mir gefällt, ist das des heiligen Volkes ... Das Volk ist das Subjekt.« Und kurz danach: »Es darf keine spirituelle Einmischung in das persönliche Leben geben.« Christen also sind keine *Kirchenschafe*, sondern mündige und freie *Mutchristen*.

• Die in der Kirche notwendigen Dienste werden sich je nach neuer Zeit und unterschiedlicher Kultur in verschiedener Weise entwickeln – auf das Gesamt der Weltkirche gesehen ist keine Einheitlichkeit notwendig, sondern allein eine Einheit des Dienstes in durchaus unterschiedlichen Formen. Immer aber sind die Dienste in Kirche und Gemeinden von unten, von den Menschen, vom Volk Gottes her zu definieren. Daraus folgt: *Zahl und Gestalt priesterlicher Dienste sind von den Gemeinden abhängig*, für die diese Priester da sein sollen. Es darf nicht der umgekehrte Weg gegangen werden, die Zahl und Größe der Gemeinden von der jeweils gerade vorhandenen und durch enge Zulassungskriterien eingeschränkten Zahl der Priester abhängig zu machen. Entsprechend einem umgewandelten Sabbatwort Jesu muss es heißen: »Die Priester sind für die Gemeinden da, nicht die Gemeinden für die Priester.«

• Dementsprechend führt in unserer gesellschaftlichen und kulturellen Situation kein Weg daran vorbei, die *Zulassungskriterien* für den priesterlichen Dienst (Mann, zölibatär, Universitätsstudium, Priester als Hauptberuf) zu ändern, um den Gemeinden wieder genügend Priester zur Verfügung stellen zu können.

• Die in den letzten Jahren in den deutschen Bistümern vorgenommenen Strukturveränderungen von überschaubaren Einzelgemeinden hin zu riesigen Großraumgemeinden, »Pastoralen Räumen«, Seelsorgsgebieten sind auf ein humanes Maß zurückzuführen: Menschen brauchen ihre kirchliche Heimat in einem überschaubaren und persönlichen Rahmen – alles andere treibt noch mehr Menschen aus der Kirche heraus. Nicht Heimatverlust in anonymen Großstrukturen ohne persönliche Bezüge werden gebraucht, sondern ein dichtes Beziehungsnetz im persönlichen Umfeld. Dann werden sich auch wieder mehr Menschen für die Kirche in ihrem direkten Umfeld engagieren.

5. Die Rolle der Frau

• Es muss unterschieden werden zwischen zeit- und kulturbedingten Einschränkungen der Stellung der Frau (etwa zu biblischer Zeit in einer patriarchalischen Gesellschaft – mit Einfluss auf die Gestalt biblischer Texte) und dem Wahrnehmen der »Zeichen der Zeit« (Papst Johannes XXIII.) in Bezug auf eine immer stärkere Emanzipation und Gleichberechtigung der Frau in allen Lebensbereichen moderner Gesellschaften.

• Ein erster Schritt kann der *Diakonat der Frau* sein, der von der Deutschen Synode bereits befürwortet wurde (vgl. Seite 125f). Dass es in der frühen Kirche Diakoninnen gegeben hat, ist nicht zu bestreiten. Deshalb gibt es keine großen Schwierigkeiten, diesen Dienst erneut für Frauen zu öffnen.

• Die *Rolle der Frau* muss aber nicht nur in den unteren Diensten der Gemeinden neu bedacht und erweitert werden. In allen Ebenen der Kirche müssen Frauen auch strukturell in Entscheidungen eingebunden sein. Der Vorschlag von Frauen als Kardinäle (vgl. Seite 165f) ist nur ein erster und leicht zu verwirklichender, aber ein bedeutender Schritt in die richtige Richtung.

• Wenn Männer *und* Frauen Zugang zu allen Diensten der Kirche haben, wird dies zu einem anderen Umgang und einer anderen Atmosphäre in der Kirche beitragen. Nicht allein alte, zölibatäre Männer bestimmen dann das Gesicht der Kirche, sondern Männer und Frauen, ob verheiratet oder nicht, die mitten in dieser Welt stehen und von da aus Kirche und Gemeinden gestalten. Ein geschwisterlicher Geist, wie er in den paulinischen Gemeinden spürbar war, tut auch unserer Zeit und der heutigen Kirche gut.

6. Die rechtliche Stellung der Laien

Vom Zweiten Vatikanischen Konzil sind bedeutende Aussagen zu den Laien gemacht worden. Doch waren diese Äußerungen nicht strukturell und im Kirchenrecht ausreichend verankert. Hier muss nachgebessert werden:

• Laien sind nicht Untertanen der Hierarchie, nicht Schafe unter Hirten, sondern sind als Volk Gottes selber eine »heilige, königliche Priesterschaft« (1 Petr 2,5.9), die als »lebendige Steine ein geistiges Haus aufbauen«. Die Ämter der Kirche sind als Dienste in dieses Volk Gottes integriert. Auf die nichtbiblischen Begriffe »Hierarchie« und »hierarchische Struktur der Kirche« sollte wegen des missverständlichen Gebrauchs und wegen manchen Missbrauchs in der Geschichte der Kirche bis auf den heutigen Tag in Zukunft besser verzichtet werden.

• Dieses Kirchenverständnis wendet sich gegen jeden Klerikalismus und jede Bevormundung der Laien. Es bedeutet einen »Abschied von Hochwürden« und eine Hinwendung zum Dienst aneinander – jeder mit seinen Charismen und Gaben, die ihm vom Geist Gottes geschenkt wurden. Eine solche Geschwisterlichkeit aller ohne Heilige Väter und Oberhirten, aber mit Schwestern und Brüdern rund um die Erde, stellt ein geradezu sakramentales Zeichen dar, das Menschen in diese Gemeinschaft einlädt.

7. Regionale Strukturen gegen Zentralismus

Es hat seit dem Mittelalter eine geschichtlich verständliche Konzentration kirchlicher Macht auf Rom, seinen Bischof, den Papst, und seine Verwaltung, die Römische Kurie, gegeben. Die orthodoxen Kirchen haben sich diesem Zentralismus von Beginn an verweigert, die reformatorischen Kirchen haben sich im 16. Jahrhundert unter Protest davon gelöst (dies neben anderem auch angesichts der damals unhaltbaren Zustände in der Römischen Kurie). Dennoch wurde die Zentralisierung fortgeschrieben sowohl durch das Konzil von Trient mit seiner gegenreformatorischen Festlegung von Liturgie, Kirchenstruktur, Ämtertheologie etc. wie auch durch das Erste Vatikanum mit seinen Beschlüssen zum Jurisdiktionsprimat des Papstes (seines Rechts, unmittelbar in jede Teilkirche hineinzuregieren). Bis zum Zweiten Vatikanischen Konzil zeigte sich die römisch-katholische Kirche als monolithischer Block von weltweiter

Einheitlichkeit in all ihren Lebensformen. Erst durch das Konzil kam wieder eine stärkere Betonung der Ortskirchen, der Bistümer (allerdings nicht der einzelnen Gemeinden). Doch in den Pontifikaten von Johannes Paul II. und Benedikt XVI. verstärkten sich die zentralistischen Bestrebungen wieder: *Einheit der Kirche* wurde nach wie vor verstanden als *Einheitlichkeit* in allen Lebensformen der Kirche. Dem muss heute zutiefst widersprochen werden:

• Die *Einheit der Jüngergemeinschaft* ist nach dem Willen Jesu zu wahren (Joh 17,21). Sie ist sogar ein Zeugnis der Kirche für das Bekenntnis zu Christus, der mit dem Vater eins ist. Das Neue Testament versteht aber die Einheit in Christus und untereinander in keiner Weise als Einheitlichkeit. Vielmehr lassen seine Texte eine Vielfalt von Gemeindeformen und Lebensweisen der ersten Christen erkennen. Paulus benennt als christliches Bekenntnis den Glauben an den *einen* Geist, den *einen Herrn*, den *einen* Gott (1 Kor 12,4–5). Aber es gibt die vielen Geistesgaben, die Menschen in unterschiedlicher Weise zum Wohl aller einsetzen sollen. Einheit im Notwendigen, aber Vielfalt in allem anderen, Einheit – nicht Einheitlichkeit – das ist die Aussage des Neuen Testaments, der Gründungsurkunde von Kirche damals wie heute.

• Das wirkt sich auf die Rolle des Papstes in der Weltkirche aus. Sie wird als *Dienst an der Einheit* bezeichnet, also als Band, das die unterschiedlichen Ortskirchen in dem einen Glauben an Christus zusammenhält. Diese Sicht muss aber notwendigerweise ergänzt werden durch ein Verständnis des Papsttums als *Dienst an der Verschiedenheit* und Vielfalt in der Kirche. Auch das ist Aufgabe des Papstes: bei Einheit im Wesentlichen Vielfalt in allem anderen zu ermöglichen, ja, aktiv zu fördern: Der Papst trägt Verantwortung für die Einheit, aber ebenso für die Vielfalt. Papst Franziskus denkt in diesem Sinn an »eine Neuausrichtung des Papsttums« (EG 322): »Auch das Papsttum und die zentralen Strukturen der Universalkirche haben es nötig, dem Aufruf zu einer pastoralen Neuausrichtung zu folgen.« Er verweist auf die Bischofskonferenzen, doch »es ist noch nicht deutlich genug eine Satzung der Bischofskonferenzen formuliert worden, die sie als Subjekte mit konkreten Kompetenzbereichen versteht, auch einschließlich einer gewissen authentischen Lehrautorität. Eine übertriebene Zentralisierung kompliziert das Leben der Kirche und ihre missionarische Dynamik, anstatt ihr zu helfen.«

• Ähnliches gilt für die andern Leitungsebenen der Kirche: Sowohl Ortsbischof wie Pfarrer sind nicht nur der Einheit der Christen verpflichtet, sondern ebenso der Vielfalt in den Lebens- und Glaubensweisen, den liturgischen Formen, den reichen Formen der Verkündigung, den unterschiedlichen diakonalen Diensten. Also: Nicht eine Meinung gilt (die des Oberen), sondern Kirche ist ein vielstimmiges Konzert, das gerade durch die unterschiedlichen Stimmen an Kraft und Schönheit gewinnt.

• Die Kulturen und Völker der Welt sind trotz Globalisierung und trotz der heutigen weltweiten Kommunikationsmöglichkeiten von äußerster Vielfalt nicht nur in ihren Sprachen, sondern auch in ihren Denk- und Handlungsweisen. Dementsprechend kann die Kirche auch in den Völkern der Welt kein einheitliches Gesicht haben. Wir brauchen kein weltweites römisch-lateinisches Gesicht in Liturgie, Kirchenrecht, Ämterstruktur und Theologie, sondern eine bunte Vielfalt, die auf die jeweilige Geschichte und Kultur der vielen Völker ausgerichtet ist. Das entspricht der Forderung von Papst Johannes XXIII. nach »aggiornamento«: Vergegenwärtigung nicht nur in der Zeit, sondern auch im Raum.

Nicht Einheitlichkeit ist angesagt, sondern Einheit in Christus, aber eine bunte und alle bereichernde Vielfalt in allem anderen. Deshalb kann es in der Kirche nicht um ein ängstliches Bewahren von Althergebrachtem gehen, sondern um mutige Schritte hinein in eine je neue Zeit und Kultur. Es ist nicht Sache der Kirche, Asche einer vergangenen Zeit zu bewahren, sondern ein lebendiges Feuer zu den vielen Menschen zu bringen.

8. Kirche als Ort der Freiheit, Gerechtigkeit und des Friedens
Die Kirche erhebt immer wieder die Stimme, wenn es in der Welt um Krieg und *Menschenrechte* geht – sie tut dies aus ihrem Glauben an den befreienden und barmherzigen Gott heraus. Allerdings sind Menschenrechte nicht nur von anderen zu fordern, sie müssen zuerst einmal in der Kirche selbst verwirklicht werden. Und da hapert es gewaltig.

• Es gibt in der Kirche keine *Gewaltenteilung* – wie sie sich in modernen Staaten bewährt hat. Durch den hierarchisch-monarchischen Aufbau ist der Obere (Pfarrer, Bischof, Papst) zugleich derjenige, der Beschlüsse fasst (legislative Gewalt), der diese Beschlüsse umsetzt (exekutive Gewalt) und der über ihre Rechtmäßigkeit urteilt (judikative Gewalt). Auf der Ebene der Pfarrei ist dies deshalb noch erträglich, weil hier Einsprüche an die nächsthöhere Instanz, an den Bischof, weitergeleitet werden können. Aber bereits der Bischof hat eine unangreifbare Stellung. Und für den Papst und seine Entscheidungen gilt dies erst recht: »Gegen ein Urteil oder ein Dekret des Papstes gibt es weder Berufung noch Beschwerde« (Kanon 333, §3).

• Eine solcherart umfassende und nicht kontrollierbare *Machtzuweisung an einzelne Menschen* widerspricht allen Regeln menschlichen Zusammenlebens und in besonderer

Weise den Erfordernissen moderner Gesellschaften. Man mag in diesem Punkt noch so sehr theologisieren und vom unfehlbaren »Stellvertreter Christi« sprechen, zum einen liegt die dogmatisch positionierte »Unfehlbarkeit« nur in Extremfällen vor, nicht im Alltagsleben der Kirche, zum anderen aber spricht die Geschichte der Menschen und auch der Kirche Bände von Willkür, mangelnder Einsicht, Machtstreben und Egoismus. Es muss – wie in allen modernen Gesellschaften – auch in der Kirche eine Überprüfbarkeit und ein von der Leitung abgetrenntes und unabhängiges Gerichtsverfahren auf allen Ebenen geben (Gewaltenteilung).

• Die Rechte kirchlicher Arbeitnehmer müssen den Rechten der Arbeitnehmer in einem Staat entsprechen, also Versammlungs- und Koalitionsfreiheit bis hin zum Streikrecht, um angemessene Forderungen durchzusetzen. Der in Deutschland übliche Sonderweg der Kirche, der sogenannte »Dritte Weg« neben Beamtenrecht und allgemeinem Arbeitsrecht, geht von Konsensbeschlüssen zwischen kirchlichem Arbeitgeber und den Arbeitnehmern im kirchlichen Dienst aus. Doch zeigt die Praxis, dass hier keineswegs eine Parität zwischen Arbeitgebern und -nehmern besteht, sondern dass auf vielfache Weise und oft subtil Arbeitnehmer unter Druck geraten. Es wäre im Blick auf die Rechte von Arbeitnehmern und auch auf das Bild von Kirche in der Öffentlichkeit besser, die Kirche würde ihren Sonderweg aufgeben und alle ihre Arbeitnehmer unter die Richtschnur des allgemeinen staatlichen Arbeitsrechts stellen.

• Ein Sonderfall stellen Priester und Diakone dar. Sie haben keinerlei Arbeitsvertrag, dessen Bestandteile rechtlich einklagbar wären. Sie stehen vielmehr zum Bischof in einem Treueverhältnis, bei dem sie ihre Arbeitskraft entsprechend den Anordnungen des Bischofs einsetzen und der Bischof umgekehrt für ihren angemessenen Lebensunterhalt sorgt (Kanon 384). Dies hat zur Folge, dass bei Streitigkeiten kein staatliches Arbeitsgericht in das Verhältnis Bischof – Priester/Diakon eingreifen kann. Es ist zudem auch nicht geklärt, was unter »angemessenem Lebensunterhalt« zu verstehen ist. Durch solche unklaren Verhältnisse sind willkürlichen Entscheidungen und Druck von oben nach unten Tor und Tür geöffnet – eine letztlich einer Kirche, die sich den Menschenrechten verpflichtet weiß, unwürdige Konstruktion.

• Unliebsame Meinungen führen in der Kirche immer wieder – auch in unserer Zeit – zu Denk-, Rede- und Schreibverboten, zum Entzug der kirchlichen Lehrbefähigung (für Lehrer und Theologieprofessoren) bis hin zur Suspendierung oder Exkommunikation. Dabei geht es meist keineswegs um horrende Irrlehren, sondern um das Bemühen, theologisch neue Wege zu gehen, Althergebrachtes entsprechend unserer Zeit neu zu formulieren, eine Vielfalt von theologischen Meinungen nebeneinander stehen zu lassen. Was wir oben zur Vielfalt in Einheit, zur versöhnten Verschiedenheit gesagt haben, muss auch hier gelten: Unterschiedliche Meinungen schaden in der Regel der Kirche nicht, sondern bereichern und eröffnen neue Horizonte. Neue Zeiten brauchen auch neue Ausdrucksformen, eine neue Sprache – oft aber auch Abschied von alten Zöpfen und von früheren Irrwegen der Theologie. Hier muss die Kirche den Mut und die Kraft haben, eine Vielfalt von Stimmen nicht nur zuzulassen, sondern zu fördern und für einen geistigen Austausch und eine geschwisterliche Klärung ohne Ausschluss und Androhung von Zwangsmitteln zu sorgen: Vielfalt in Einheit auch hier. *Mutchristen* sind auch in Theologie und kirchlicher Lehre wichtiger als *Kirchenschafe*, die treu und brav alles Althergebrachte wiederkäuen.

Sechs Postulate zum Thema Liturgie:

1. Recht auf Eucharistie

Gemeinden und christliche Gemeinschaften haben ein Recht auf regelmäßige Eucharistie am Herrentag (Sonntag). Denn die Feier der Eucharistie ist – so das Konzil – »der Höhepunkt, dem das Tun der Kirche zustrebt, und zugleich die Quelle, aus der all ihre Kraft strömt« (Liturgie 10). Dieses Recht hat Konsequenzen:

• Die Kirche hat dafür Sorge zu tragen, dass eine ausreichende Zahl von Amtsträgern für die Feier der Eucharistie vorhanden ist. Eucharistie muss überall dort gefeiert werden können, wo Gemeinden zusammenkommen. Die Zulassungskriterien zum priesterlichen Dienst sind zweitrangig gegenüber dem Recht der Gemeinden auf Eucharistie. Wenn Bischöfe den Gemeinden das Recht auf Eucharistie durch beschränkte Zulassungskriterien beschneiden, handeln sie verantwortungslos und schaden der Kirche.

2. Christus lädt ein

Die Mitte der Eucharistie ist Christus selbst. Er ist auch Einladender zum Festmahl des Glaubens, zum Herrenmahl. In dieser Feier richten sich alle Glieder der Gemeinde durch das Hören auf das Wort und durch das Teilen des einen Brotes miteinander an Christus aus. Hier kommt das Volk Gottes zusammen, um vielstimmig das Lob Gottes zu künden.

• Wenn das eine Volk miteinander feiert, sind alle Feiernden Brüder und Schwestern unter dem einen Vater. Auch in dieser zentralen Feier christlichen Glaubens steht der Klerus nicht über dem Volk, sondern er hat Dienste innerhalb der Eucharistie zum Wohl aller zu erfüllen. Wegen der grundsätzlichen Gleichheit aller Getauften vor dem Herrn muss aller Prunk und Protz, der Amtsträger über die Gemeinde erhebt, radikal vermieden werden. Hier ist das Erscheinungsbild von liturgischer Kleidung, Sitz von Priester bzw. Bischof im Altarraum und anderes mehr zu überprüfen. Nichts gegen liturgische Kleidung und nichts gegen eine feierliche Liturgie – aber beides soll tunlichst jedes Maß an Luxus vermeiden und in der Form den Menschen unserer Zeit angepasst sein. Schlichte Einfachheit gibt ein besseres Zeugnis des wandernden Rabbis Jesus als Gold und Seide.

• Christliche Liturgie ist *Christusliturgie*. Durch die Liturgiereform des Zweiten Vatikanums ist wieder deutlich geworden, dass Christus die innere Mitte jeder Liturgie und des Kirchenjahres ist. Doch muss man wachsam bleiben, dass nicht Marien- oder Heiligenfrömmigkeit die Verehrung Christi erneut überschattet. Die Kritik der Reformation mit ihrem »Allein Christus« muss auch heute zu denken geben. Sicher, bedeutende Gestalten christlichen Glaubens in Geschichte und Gegenwart dürfen wir verehren, aber Anbetung in der Liturgie gehört alleine dem dreieinen Gott.

• Christus ist die Mitte der Liturgie – er ist auch der *Einladende*: Deshalb darf es bei der Zulassung zur Eucharistie und zur Kommunion entsprechend dem Beispiel eines offenen Gastmahls bei Jesus keinen Ausschluss geben. Gerade Menschen in schwierigen Lebenssituationen, aber auch Mitchristen aus anderen christlichen Kirchen sollten die Erfahrung der Kommunion, der Gemeinschaft mit Gott und ihren katholischen Geschwistern machen können, weil so die Barmherzigkeit Gottes deutlich wird und zugleich die Einheit der Jüngergemeinschaft Jesu gefeiert werden kann – eine Einheit, die nach dem Wort von Papst Franziskus (EG 245) wichtig ist für die Einheit der Menschheitsfamilie. Die Tischgemeinschaft darf nicht länger als Endziel ökume-

Liebe Leserin, lieber Leser,

gerne informieren wir Sie künftig über unsere
Neuerscheinungen. Teilen Sie uns mit, für welche
Themen Sie sich interessieren und schicken einfach
diese Karte zurück.
Wenn Sie außerdem unsere Fragen auf der Rückseite
beantworten, helfen Sie uns, zukünftig genau die Bücher
zu machen, die SIE interessieren!

Gerne revanchieren wir uns für Ihre Mühe:
Unter allen Einsendern verlosen wir monatlich Bücher
aus unseren Programmen im Wert von € 50,-

VORNAME / NAME

STRASSE / HAUSNUMMER

PLZ / ORT

E-MAIL

Bei Angabe Ihrer Mail-Adresse erhalten Sie rund 6 Mal jährlich unseren
Newsletter, der Sie über die uns genannten Themenbereiche informiert.

Antwort

VERLAGSGRUPPE PATMOS

Senefelderstraße 12
D-73760 Ostfildern

Ihre Meinung ist uns wichtig!

Diese Karte lag in dem Buch:

....

Ihre Meinung zu diesem Buch:

....

....

....

....

Wie sind Sie auf dieses Buch gestoßen?

O Buchbesprechung in:

O Anzeige in:

O Verlagsprospekt

O Entdeckung in der Buchhandlung

O Internet

O Empfehlung

O Geschenk

Für welche Themen interessieren Sie sich?

O Religion
O Spiritualität & Lebenskunst
O Kinder & Familie
O Kirche & Gemeinde
O Theologie & Religionswissenschaft

O Garten / Kochen / Wohnen
O Kalender & Geschenke
O Psychologie & Lebenshilfe
O Geschichte/Geschichtswissenschaft

Fordern Sie unsere aktuellen Themenprospekte an:

bestellungen@verlagsgruppe-patmos.de
Fax +49.711.4406-177
Tel. +49.711.4406-194

Einen Überblick unseres **Gesamtprogramms** finden Sie unter
www.verlagsgruppe-patmos.de

PATMOS
ESCHBACH
GRÜNEWALD
THORBECKE
SCHWABEN

Die Verlagsgruppe
mit Sinn für das Leben

nischer Bemühungen in eine ferne Zukunft geschoben werden, in der alle anderen Fragen geklärt sind (das wird es angesichts der Verschiedenheit von Menschen wahrscheinlich sowieso nicht geben). Die Tischgemeinschaft auch in der römisch-katholischen Kirche ist vielmehr die gute Stärkung durch Gott auf einem oft mühsamen Weg der Christen.

3. *Liturgie des ganzen Volkes Gottes*

Die katholische Liturgie ist – auch wenn das in der Tridentinischen Liturgie bis zum Zweiten Vatikanischen Konzil oft so aussah – *keine* Klerikerliturgie, wo ein Amtsträger vorne für die anderen etwas tut und dies in einer geheimnisvollen Sprache (Latein) mit nicht sichtbaren Riten (Rücken zum Volk). Die katholische Liturgie ist in jedem Fall eine Liturgie des ganzen Volkes Gottes, ein gemeinsames Geschehen unter tätiger und bewusster Teilnahme aller.

• Die vielen Dienste in der Eucharistie und in anderen Gottesdienstformen müssen deshalb möglichst breit unter den Teilnehmern verteilt werden – entsprechend ihrer Charismen und zum Wohle aller. Die Verteilung von Diensten an Frauen und Männer in den paulinischen Gemeinden kann dazu der Maßstab auch für heute sein. Es gilt, gegen jeden Klerikalismus anzugehen. Das Lesen des Wortes und das Teilen des Brotes sind zudem – im Vergleich mit manchen Riten anderer Religionen – einfache Zeichen, die schnell zu erlernen sind. Und statt einer anspruchsvollen Predigt können bei Fehlen eines Theologen mit seiner Fachkompetenz auch andere Formen gemeinschaftlicher Verkündigung gepflegt werden – die lateinamerikanischen Basisgemeinden, aber ebenso auch manche evangelikale Gruppen geben Anregungen, wie aus den Kräften und Gaben einer Gemeinde heraus Gottesdienst gestaltet werden kann.

4. Vielfalt von Riten in einer Kirche

In den ersten christlichen Jahrhunderten gab es innerhalb der Kirche verschiedene Gottesdienstriten; in den orthodoxen Kirchen wurde dies beibehalten, in der westlich-römischen Kirche erfolgte eine Zentralisierung und Vereinheitlichung mit ausschließlich dem römischen Ritus (mit wenigen Ausnahmen unierter orthodoxer Riten). Die Vielfalt der Riten des Anfangs wurde der Eigenart der unterschiedlichen Völker und ihrer Kulturen gerecht. Heute ist die Kirche in höherem Maß Weltkirche unter allen Völkern mit unterschiedlichen Sprachen und Kulturen.

• Entsprechend dem Wort des Paulus, der »den Juden ein Jude geworden ist« (1 Kor 9,20), den Griechen aber ein Grieche, ist eine Anpassung der kirchlichen Verkündigung, Liturgie und Kirchenstruktur an die Vielfalt heutiger Völker nötig – Stichwort Inkulturation. Um christlichen Glauben wirklich in den unterschiedlichen Völkern zu verankern, brauchen wir mehr denn je *unterschiedliche Riten*, in denen sich der eine Glaube an Christus in den verschiedenen Völkern auf unterschiedliche Weise zeigt.

• Das steht gegen eine vom römischen Zentralismus bestimmte *Einheitsliturgie* und gegen rituelle Erstarrung. Notwendig ist nicht nur die eine römische Liturgie (und die wenigen orthodoxen Liturgien der unierten Kirchen), sondern eine breite Vielfalt von Riten, die sich aus dem Erbe der jeweiligen Völker, ihren Symbolen und Bräuchen, ihrem geistigen Schatz heiliger Bücher und Traditionen ergibt. Es geht nicht um eine Einheitlichkeit nach dem einzigen Modell Rom mit seiner lateinischen Liturgie, die dann bestenfalls in Muttersprachen übersetzt wird, sondern es geht um eine Vielfalt eigenständiger religiöser Formen in der Einheit des Glaubens an Christus und in einem offenen Gastmahl für alle.

5. Theologie der Eucharistie

Im Laufe der Jahrhunderte hat sich im westlichen Europa eine Theologie der Eucharistie entwickelt, die von Begriffen wie »Opfer« und »Vergegenwärtigung« geprägt ist. Nicht allein gibt es die Anfragen der Reformatoren an solche Begriffe, sondern es gibt heute auch innerkatholisch Fragen nach einem neuen Verständnis der Eucharistie. Damit sind die alten Deutungen nicht abgetan, sie mögen auch zu ihrer Zeit wichtige Formen gewesen sein, dem inneren Geheimnis der Eucharistie näherzukommen. Doch sind heute eine neue Reflexion über das Wesen der Eucharistie und eine neue Begrifflichkeit nötig.

• Welche Aspekte etwa können aufgrund des biblischen Befundes und der theologischen Traditionen der Kirche auf der einen Seite und der Lebenswelt heutiger Menschen in modernen Gesellschaften auf der anderen (Korrelation) bedeutsam sein? Sind Aspekte und Begriffe wie »Mahl«, »Fest«, »Begegnung«, »Gemeinschaft« heute nicht wichtiger als »Opfer« und anderes mehr? Eucharistie ist kein magisch-kultisches Ritual, sondern die lebendige Feier einer Gemeinschaft mit Christus und untereinander.

6. Ständige Reform

Die Liturgiereform des Zweiten Vatikanischen Konzils war ein Meilenstein im Leben der Kirche. Doch muss man die Veränderungen nach dem Konzil als *Aufbruch* betrachten, der nicht zum Stillstand kommen darf. Wir brauchen weiterhin eine ständige liturgische Reform mit den Zielen, die tätige Teilnahme, die Aufteilung von Diensten, die Verständlichkeit und die Vielfalt gottesdienstlicher Formen zu stärken. Wir brauchen Einheit in Vielfalt, nicht Einheitlichkeit. Wir brauchen einen bunten Blumenstrauß von Liturgie.

Sieben Postulate zum Thema Ökumene, Weltreligionen und Religionsfreiheit:

1. Anerkennung verschiedener Wege christlichen Lebens

Die Kirchengeschichte zeigt in Ost und West sehr unterschiedliche Wege, wie der eine Glaube an Jesus Christus gelebt und gefeiert werden kann. In früheren Zeiten führte dies oft zu gewaltsamen Auseinandersetzungen bis zu Kriegen und Kreuzzügen, die das Zeugnis der Christen in der Welt verdunkelten. Heute sind ein hoher Respekt und eine bedingungslose Anerkennung verschiedener Wege christlichen Lebens und Glaubens unerlässlich: Einheit in versöhnter Verschiedenheit. Das bedeutet:

• Eine hohe Wertschätzung der Aspekte christlichen Glaubens, die anderen christlichen Kirchen wertvoll sind (Beispiel: römisch-katholisch: Sakramente; evangelisch-protestantisch: Wort Gottes; orthodox: himmlische Liturgie).

• Ein Vermeiden dessen, was bei den anderen zu Missverständnissen führen kann oder auf Ablehnung stößt.

• Eine klare Erkenntnis, dass es im Glauben eine »Rangordnung oder Hierarchie der Wahrheiten« (Konzil, Ökumene 11) gibt, dementsprechend manches als unverzichtbar zum inneren Kern christlichen Glaubens gehört, anderes dagegen zeitbedingt entstanden, eher am Rand anzusiedeln und veränderbar ist.

2. Stärkung der Ökumene

Christliche Ökumene wird immer mehr zur Überlebensfrage christlichen Glaubens in unserer Welt. Nur der kann ein glaubwürdiges Zeugnis für Christus leben und verkünden, der dies in Einheit mit den anderen christlich Glaubenden tut. Das bedeutet für die Kirchen in unserem Land:

- Alles, was man zusammen tun kann, muss auch gemeinsam geschehen – Einheit in versöhnter Verschiedenheit.
- Eine gemeinsame ökumenische Nutzung von Kirchen, Pfarrheimen, Pfarrbüros und anderem sollte besonders in einer Zeit selbstverständlich werden, wo die großen Kirchen Gebäude einsparen müssen und Kirchen und Heime geschlossen werden.
- Alle diakonischen Einrichtungen könnten gemeinsam unter einem christlichen Dach zusammengeführt und so zu einem in unserer Gesellschaft glaubwürdigen Zeugnis christlicher Nächstenliebe gestaltet werden.

3. Überwindung theologischer Streitfragen

Die Ausgangsfrage aller, auch der ökumenischen, Theologie muss sein, wie die Kirchen tiefer ihrer Ursprungsgestalt Jesus, ihrer Ursprungsgemeinschaft der ersten Gemeinden und ihrer Ursprungsurkunde der Schrift gemäß leben und handeln können.

- Im ökumenischen Gespräch muss deshalb der Blick nach vorn »Was können wir in Zukunft gemeinsam gewinnen?« wichtiger werden als der Blick zurück auf in der Vergangenheit entstandene Traditionen, die in bestimmten kulturellen und zeitlichen Zusammenhängen verwurzelt sind.
- Schritte einer mutigen Reform müssen in allen Kirchen den Menschen in der *heutigen* Gesellschaft in den Blick nehmen: Es geht um Leben und Glauben in der heutigen Welt, nicht im Mittelalter.

4. Abendmahlsgemeinschaft als offenes Gastmahl

Eine Abendmahlsgemeinschaft darf nicht als fernes Endziel angesehen werden, sondern als Kraftquelle, um auf dem ökumenischen Weg zu größerer Einheit zu kommen.

- Dies bedingt auf allen Seiten eine Offenheit der Zulassung zum Abendmahl/zur Eucharistie entsprechend der Praxis Jesu, der zu seinen Mahlgemeinschaften Menschen ohne Vorbedingungen zugelassen hat.
- Begründet wird der gemeinsame Weg einer Eucharistiegemeinschaft auch durch die Erkenntnis, dass alles menschliche Tun Stückwerk bleibt, wir also im Abendmahl und der Eucharistie nicht am Ziel, sondern als Volk Gottes auf dem Weg sind.

5. Ökumene der Religionen

In der heutigen globalisierten Welt sind der Dialog und das Zusammenwirken der Weltreligionen entscheidende Voraussetzungen, Frieden, Gerechtigkeit und die Bewahrung der Schöpfung zu stärken.

- Dazu müssen die christlichen Kirchen und jeder einzelne Christ sich als Vorreiter einer Entwicklung von Welt und Menschen hin zu größerer Freiheit und Gerechtigkeit und zu Frieden im Großen und im Kleinen verstehen.
- Die Kirchen und die Christinnen und Christen müssen zudem Vorreiter einer Entwicklung sein, die Hunger und Leid, Krankheit und vielfältige Not nach Kräften einzuschränken sucht und so Zeugnis für den Heilswillen Gottes gibt. Dazu ist eine überzeugende Weise der Lebensgestaltung mit Verzicht und Teilen entsprechend der eigenen Möglichkeiten unerlässlich.

6. Dialog der Religionen als gegenseitige Bereicherung

In der Menschheitsgeschichte sind viele Konflikte und Kriege auch religiös bedingt gewesen. Menschen anderer Religionen wurden überall als Ungläubige, Ketzer, Heiden betitelt und entsprechend als minderwertig angesehen und bekämpft. Dem muss in der heutigen Welt in hohem Maß entgegengewirkt werden – Christinnen und Christen haben dabei eine hohe Verantwortung:

• Es geht um ein intensives Kennenlernen der anderen Religionen durch Besuche, Gespräche, miteinander leben und feiern. Besonders die Amtsträger der Religionen brauchen eine große Offenheit und einen weiteren Horizont nicht nur im Blick auf Informationen über andere Religionen, sondern auch auf die religiösen Erfahrungen, die in anderen Kontexten gemacht werden.

• Deshalb ist unter den Religionen in informeller, aber auch in formeller Weise ein Austausch über religiöse Erfahrungen, Gottesbilder, Gebets- und Meditationsformen, ethische Ansprüche, Symbole und Riten erforderlich.

• So können sich die Religionen gegenseitig bereichern und fördern auf ihren nach wie vor unterschiedlichen Wegen zu Erlösung, Befreiung, Erleuchtung im Ausblick auf Gott, die Gottheiten, das Absolute.

7. Dialog mit Nichtglaubenden

Angesichts einer zunehmenden Zahl von Menschen, die sich keiner Religion oder christlichen Konfession zugehörig fühlen, ist auch mit ihnen ein Dialog ohne Vorbedingungen und Voreingenommenheiten notwendig.

• Die Kirche und die Christinnen und Christen sollten sich im Dienst an der Welt verstehen und sich deshalb nicht als »bereits alles wissende Lehrer« präsentieren, sondern sich als gemeinsam mit allen anderen nach einem Weg zu Glück und Heil suchende Menschen verstehen.

• Die Kirche und die Christinnen und Christen dürfen sich nicht als moralische, fordernde oder gar richtende Instanz verstehen, sondern als ermutigende und Hoffnung spendende Kraft, die die Barmherzigkeit Gottes in die heutige Welt hinein widerspiegelt. Papst Franziskus: »Es darf keine spirituelle Einmischung in das persönliche Leben geben.«

• Kirche und die Christinnen und Christen haben nach dem Wort Jesu in der Bergpredigt (Mt 5,13–16) »Salz der Erde« und »Licht der Welt« zu sein – nicht mehr und nicht weniger.

Was tun?

Vom Auftreten statt Austreten

»Es gibt nichts Gutes, außer man tut es« – so sagt die Redewendung. Die Postulate, was sich in der Kirche ändern und bewegen muss, sind klar (vgl. das vorangegangene Kapitel). Wie aber lassen sich diese Herausforderungen angehen, wie können *Mutchristen* an der Reform der Kirche, an einer neuen Zuwendung zur Frohen Botschaft Jesu, an einer menschenfreundlichen und barmherzigen Gemeinschaft mitwirken?

Es gibt natürlich keine Rezepte – zu unterschiedlich sind die Voraussetzungen vor Ort, die Charismen der einzelnen Frauen und Männer auch und zu unterschiedlich sind zudem die Gegenspieler, die alles beim Alten lassen wollen und jede Veränderung als Angriff auf den wahren Glauben empfinden. Dennoch lassen sich einige Grundsätze aufstellen, die überall und an jedem Ort gelten:

• *Gute Information ist die Grundlage:* Eine 2000 Jahre alte Geschichte der Kirche hat eine nahezu unübersehbare Fülle von Traditionen, Bräuchen, Lehraussagen und Strukturen hervorgebracht. Der heutige Aufbau der Kirche ist zwar klar als hierarchische Pyramide zu erkennen (am Anfang war es anders, vgl. Seite 29ff), aber im Detail gibt es vielerlei –

für den Nichteingeweihten rätselhafte – Abstufungen. Wer weiß zum Beispiel im Einzelnen den Unterschied zwischen Prälat, Monsignore, Päpstlicher Ehrenkaplan und anderen Titeln? Nun – das muss man nicht unbedingt wissen, doch die Entstehungsgeschichte der kirchlichen Ämter in den ersten zweihundert Jahren der Kirche kann deutliche Vorgaben für das Amtsverständnis auch in unserer Zeit geben. Wer weiß zum Beispiel, wie die einzelnen Teile der Messe in einem jahrhundertelangen Prozess allmählich und aufgrund neuer Anforderungen der Seelsorge in je neuen Regionen entstanden sind? Doch in der Diskussion um eine Reform der Liturgie und um neue Gottesdienstformen ist ein gutes Wissen hilfreich und sinnvoll; bei einer Gottesdienstgestaltung durch Laien, zu der es in Zukunft immer mehr kommen muss und auch kommen wird, ist solch ein Wissen unerlässlich. Wer weiß, was das Konzil oder die Deutsche Synode zehn Jahre später an Beschlüssen gefasst hat und kann deshalb beurteilen, ob diese Beschlüsse auch umgesetzt und im Sinne des Konzils weitergeführt wurden? Also Information, theologische Erwachsenenbildung, Meinungsaustausch, Rückfragen ...

• *Nicht austreten, sondern auftreten:* Wenn man die Situation der Kirche in Deutschland und Mitteleuropa betrachtet, wenn man die vielen Ärgernisse der letzten Jahre wertet, wenn man sich im Gegenzug vor Augen stellt, wie Jesus Gemeinde gewollt hat, dann sind Enttäuschung und Resignation gleichsam vorprogrammiert. Wenn viele Frauen und Männer sich zudem mit hohem Maß in der Kirche engagiert haben und immer wieder erleben mussten, dass sie gegen die autoritäre Wand der Amtskirche stießen und nicht ernst genommen wurden, dann ist es nur zu verständlich, wenn sie sich fragen: »Was soll ich eigentlich noch in der Kirche?

Doch mit einem Austritt aus der Institution Kirche (nicht mit einem Abwenden vom christlichen Glauben gleichzusetzen) vergibt man sich erst recht jede Chance, Einfluss zu nehmen. Vielmehr überlässt man das Feld dann den kleinen erzkonservativen rechten Gruppen, die lautstark verkünden, dass nur sie allein die richtige Wahrheit besitzen. Nicht Austreten also, sondern Auftreten ist gefragt – mutiges Auftreten in aller Klarheit und auch mit Durchhaltevermögen in frustrierenden Situationen.

• *Sich nicht verstecken, sondern Position beziehen:* Wenn man das Feld den anderen überlässt, hat man schon verloren. Deshalb ist es wichtig, sich in seinem Engagement nicht allein in bestimmte Nischen zurückzuziehen (etwa Krabbelgottesdienste für Kleinkinder oder ein caritatives Arbeiten mit Randgruppen), sondern sich um Positionen zu bemühen, die am ehesten Einfluss auf die Entwicklung der Kirche nehmen können. Also: Sich wählen lassen in Pfarrgemeinderäte und Kirchenvorstände, auch in übergeordnete Positionen von Dekanatsrat, Diözesanrat, Kirchensteuerrat ... Das ist oft ein mühsamer Weg, aber nur so können neue Perspektiven Eingang halten in die Praxis der Kirche.

• *Sich vernetzen, nicht allein kämpfen:* Eine Stimme wird von den Oberen nicht gehört, zehn Stimmen vielleicht auch nicht, aber hundert schon. Und an tausend Stimmen kann die Kirche heute nicht mehr einfach vorbeigehen. Deshalb Gleichgesinnte suchen, in der Gruppierung, zu der man gehört, in der Pfarrgemeinde, in der Diözese, deutschlandweit. Durch die modernen Kommunikationsmittel ist dies leichter möglich als früher. Zu Gesprächen mit Kirchenoberen sollte man zudem nicht allein gehen. Es hat eine völlig andere Wirkung, wenn einer alleine Kritik übt oder wenn es zwei oder drei Personen gemeinsam tun.

• *Öffentlichkeit herstellen:* Für eine bessere Vernetzung und für das Sammeln von Gleichgesinnten ist der Weg in die Öffentlichkeit von hoher Bedeutung. Deshalb Kontakt zu den Lokalredaktionen der regionalen Zeitungen, zu den lokalen Radiosendern herstellen; deshalb Informationsblätter zu einem Thema, Flyer und andere Schriften erstellen; deshalb Informationsveranstaltungen durchführen – und wenn das in kirchlichen Räumen nicht gestattet wird, in Räumen der Zivilgemeinde oder auch in Gaststätten etc. Wichtig ist nicht allein die Information vor einer bestimmten Aktion, sondern auch die Information über geleistete Schritte und über Erfolge bzw. Misserfolge danach. Wichtig ist der persönliche Kontakt zu anderen interessierten Frauen und Männern.

• *Nicht nur reden, sondern handeln – auch gegen Widerstand:* Das Beispiel der österreichischen »Pfarrer-Initiative« von 2011 ist ein deutliches Beispiel. Resolutionen und Texte allein, so die Priestergruppe, die ca. ein Drittel der österreichen Priester umfasst, bringen nichts mehr. Deshalb werden in einem »Aufruf zum Ungehorsam« sieben wichtige Reformen benannt, die die Priester in Zukunft auch ohne Zustimmung der Amtskirche verwirklichen wollen: Fürbitte um Kirchenreform in jedem Gottesdienst; keine Verweigerung der Eucharistie für wiederverheiratete Geschiedene und Glieder anderer Kirchen; Vermeiden von zu häufigen Zelebrationen, statt dessen mehr Wortgottesdienste; Wortgottesdienst mit Kommunionausteilung als »priesterlose Eucharistie« benennen; Predigt durch qualifizierte Laien; öffentliches Eintreten für die Zulassung von Frauen und Verheirateten zum priesterlichen Dienst. Die Priester der Pfarrer-Initiative verstehen sich nicht länger als Bittsteller, sondern sie agieren selber und bringen so Reformen auf den Weg, die angesichts der Reformunwilligkeit der Kirchenoberen sonst keine Chance hätten. Das erinnert an den »Ungehorsam« vieler Priester nach dem Konzil, die viele Schritte der Liturgiereform (Muttersprache ...) bereits vor einer offiziellen Erlaubnis in ihren Gemeinden durchführten und dies etwas spöttisch als »vorauseilenden Gehorsam« definierten.

Solche Schritte geben der Kirche ein Gesicht, das nicht von einer Institution, sondern von Menschen bestimmt ist, nicht von *Kirchenschafen*, die gehorsam und ohne eigene Meinung den vorgesetzten Kirchenoberen folgen, sondern von *Mutchristen*, die verstanden haben, wie sie aus der ihnen geschenkten Würde von Taufe und Firmung selbstständig Verantwortung für die Kirche haben. Kirche von unten, nicht von oben; Kirche des Dienstes, nicht des Amtes, Kirche nach dem Beispiel der ersten Gemeinden, in denen die Charismen *aller* zum Tragen kamen, geistbewegte Kirche, die die Zeichen unserer Zeit erkennt und den Menschen unserer Zeit Hoffnung und Zuversicht schenken kann.

Arsch huh,
Zäng ussenander

Von Hoffnung und Neubeginn

»Kölner« drücken oft in einer unverwechselbar kräftigen Sprache das aus, was sie bewegt. So auch, als am 9. November 1992 Kölner Rockmusiker zu einem Konzert gegen wachsenden Rassismus und gegen Ausländerfeindlichkeit einluden mit dem Slogan »Arsch huh, Zäng ussenander«. Über 100 000 Besucher kamen zum Konzert auf dem Chlodwigsplatz, einen Monat später ebenso viele zum gleichbenannten Konzert in Frankfurt. Bis heute ist die Aktionsgruppe, die sich aus diesem Konzert heraus gebildet hat, aktiv: »Arsch huh, Zäng ussenander« – Mut zum Engagement.

Den Musikern und ihren Zuhörern ging und geht es um ein mutiges Auftreten gegen Diskriminierung und Verfolgung von Ausländern. Sie erkennen die Ungerechtigkeit und den Hass im Verhalten rechter Gruppen, aber unterschwellig auch in Teilen der Bevölkerung und setzen mutig ein Zeichen des Widerstandes: Bis hierher und nicht weiter! Sie sind *Wutbürger*, die sich für eine gute Sache einsetzen und dabei durchaus auch etwas riskieren: Störungen durch Gewalttätigkeit rechter Gruppen bei ihren Konzerten, finanzielle Einbußen ... Aber sie gewinnen ein Selbstbewusstsein, aufrecht und selbstbewusst ihren Weg zu gehen und das zu vertreten, was sie für sich und die Gesellschaft als richtig ansehen.

In ihrer Haltung und in ihrem Engagement passen sie damit zu dem, was Bundespräsident Joachim Gauck als Buchtitel für eine Sammlung von Reden zu den Themen Freiheit, Verantwortung und Selbstbestimmung wählte: »Nicht den Ängsten folgen, den Mut wählen.« Gauck will den mündigen Bürger ermuntern, sein Schicksal und das Schicksal seines Landes selbst in die Hand zu nehmen.

Beide Beispiele geben eine Haltung vor, die in unserer Kirche dringender denn je notwendig ist. Wir fassen diese Notwendigkeit in die Schlagworte: *Nicht Kirchenschafe, sondern Mutchristen*. Doch es geht um das Gleiche: Dass Menschen nicht länger hinnehmen, wie man sie behandelt und als unmündige Objekte versteht, die geleitet werden müssen. Dass Menschen aufstehen und mit Mut und Ausdauer Veränderungen fordern und bewirken. Dass Menschen sich nicht vor der Macht der Oberen beugen, sondern aufrecht »Nein« sagen. Dass Menschen nicht die Hände in den Schoß legen, sondern Neues bewirken. Dass Menschen nicht einfach alles schlucken, sondern sich empören (Stéphane Hessel, vgl. Seite 60). Dass Menschen Sand ins Getriebe des Althergebrachten streuen und dadurch einen Aufbruch zu neuen Ufern bewirken.

Die Kirche braucht – das ist unverkennbar – dringend eine Neuorientierung und einen Aufbruch. Wenn in Bischofspalästen und prunkvollen Kirchengebäuden Glanz und Eitelkeit zur Schau gestellt werden, dann brauchen wir die Einfachheit eines Franz von Assisi, der lernen musste, dass die Kirche nicht aus Steinen, sondern aus lebenden Menschen besteht (vgl. 1 Petr 2,5). Wenn Gott in den überholten

Strukturen der Kirche mehr verwaltet als gefeiert wird, in sprachlich veralteten und unserer Zeit nicht gemäßen, deshalb unglaubwürdigen Texten gepriesen werden soll, dann braucht es die innere Tiefe eines Meister Eckhart oder einer Hildegard von Bingen, um das Geheimnis Gottes neu unter den Menschen aufleuchten zu lassen. Wenn als größte Tugend der Gehorsam gegenüber den kirchlichen Oberen benannt wird, dann brauchen wir die Freiheit eines Paulus, der dem Petrus ins Angesicht hinein widerstanden hat. Wenn überall in der Kirche Stillstand und Panikstarre gegenüber den Veränderungen moderner Gesellschaften um sich greifen, dann brauchen wir den Mut zum Aufbruch, der einen Ignatius von Loyola angetrieben hat. Wenn die Kirche mit ihren Gliedern hart und unbarmherzig umgeht, besonders mit denen, die hauptberuflich in ihren Diensten stehen, dann brauchen wir die Barmherzigkeit einer Elisabeth von Thüringen oder eines Vinzenz von Paul, um Gottes Barmherzigkeit mitten in der Kirche wieder aufscheinen zu lassen und so von einer abstoßenden, sich zunehmend selbst auflösenden Kirche wieder zu einer Gemeinschaft zu werden, die für Fortschritt und Gerechtigkeit, für Frieden nach innen und außen, für liebevolle Gemeinschaft ohne Ausgrenzung, für das Volk Gottes steht, das miteinander als Schwestern und Brüder auf dem Weg zum Heil ist.

Alles eine Vision ohne Realitätsbezug? Ich glaube nicht. Denn immer wieder zeigen sich auch in der verkrusteten Kirche Zeichen eines Aufbruchs. Wenn Papst Franziskus sagt: »Die Menschen sind des Autoritarismus überdrüssig«, dann lässt das hoffen, dass die autoritären und selbstherrlichen Strukturen in der Kirche reformiert werden. Dazu aber braucht es nicht allein in der Kirchenspitze, sondern überall und auf jeder Ebene Menschen, die sich mutig auf den Weg machen, die nicht zurückblicken, sondern nach vorne schauen entsprechend dem Jesuswort: »Keiner, der die Hand an den Pflug gelegt hat, und nochmals zurückblickt, taugt für das Reich Gottes« (Lk 9,62). Wir brauchen Mutchristen, die sich nicht länger von selbst ernannten Hirten gängeln lassen und lammfromm und belämmert alles schlucken, sondern Menschen die – kölsch deftig ausgedrückt – »den Arsch huh kriegen und die Zäng ussenander«, die also sich in Bewegung setzen und den Mund aufmachen.

Erforderlich ist ein Aufbruch, der – wie der eingangs erwähnte Herdenbrief – mit Humor und unverkrampft gegen die Aufgeblasenheit und den Hochmut vieler Oberer angeht. Erforderlich ist eine Haltung, die entsprechend dem Märchen von Hans Christian Andersen »Des Kaisers neue Kleider« deutlich macht, dass »der Kaiser nackt ist«, das heißt, dass auch die Oberen nur Menschen mit Stärken und Schwächen sind, keine Götter oder Gottes Stellvertreter, sondern Menschen wie Du und Ich, die auf der Suche sind. Erforderlich ist eine Sicht des Paulus, der in seinen Gemeinden Herren und Sklaven in gleicher Weise behandelte und als Gleichberechtigte im Volk Gottes und als gleichwertige Glieder am Leib Christi verstand; also eine Haltung, die jeden Christen gleich wertet, ob Mann oder Frau, ob Jung oder Alt, ob Reich oder Arm, ob im Glauben gefestigt oder zweifelnd, ob mit gebrochener Lebensgeschichte oder einem geradlinig verlaufenen Lebensweg. Erforderlich ist die Haltung eines Papstes wie Johannes XXIII., der sich – obgleich an höchster Stelle der Kirche – sagte: »Johannes, nimm dich nicht so wichtig.«

Wir brauchen in der Kirche *Mutchristen*, Menschen mit Zivilcourage, und das ist keine Frage des Glaubens, sondern des Charakters. Wir brauchen Menschen mit innerer Kraft, die sich gegen Widerstände und ein reformunwilliges Beharrungsvermögen bei den Verantwortlichen immer wieder neu auf den Weg machen. Wir brauchen in der Kirche Menschen, die den Mut haben, neu zu denken, den Horizont zu erweitern, nicht an einer rückwärtsgewandten, eurozentrischen Denkweise zu kleben, sondern die vielen Impulse anderer Völker und Kulturen aufzunehmen und für die Kirche in bunter Vielfalt fruchtbar zu machen. Dass mit Franziskus ein Nichteuropäer Papst wurde, lässt in diesem Punkt hoffen. Für ihn, den Jesuiten im Papstamt, »muss ein Jesuit immer ein Mensch von unabgeschlossenem, von offenem Denken sein«.

Und der Papst macht auf einen weiteren Punkt aufmerksam: »Die Kirche hat sich manchmal in kleine Dinge einschließen lassen, in kleine Vorschriften.« Doch sind all solche kirchlichen Gesetze, Regeln, Rituale, Vorschriften, Bräuche zweitrangig und zu vernachlässigen gegenüber der Kernbotschaft christlichen Glaubens, die der Papst wie folgt benennt (EG 114): »Die Kirche muss der Ort der ungeschuldeten Barmherzigkeit sein, wo alle sich aufgenommen und geliebt fühlen können, wo sie Verzeihung erfahren und sich ermutigt fühlen können.«

Eine unbarmherzige, unterdrückende, eingrenzende und ausschließende Kirche ist keine Kirche Jesu Christi, zu der die Freiheit der Kinder Gottes ebenso gehört wie die Gleichwertigkeit jedes einzelnen Menschen. Eine Kirche, in der es keine Herrschaft der einen über die anderen geben darf, auch keine »heilige Herrschaft«, »Hierarchie«, sondern ein gegenseitiges Dienen und Für-einander-Sorge-Tragen zum Wohl aller. Die römisch-katholische Kirche hat nur dann Zukunft, wenn sie den Mut und die Kraft zur Veränderung aufbringt, sich neu auf diese ihre Kernbotschaft zu besinnen und sich immer wieder neu darum zu bemühen.

Franziskus spricht vom »sempre avanti« – »Immer nach vorn«. Das ist eine Botschaft der Hoffnung und des Neubeginns. Auf dem Weltjugendtag im Juli 2013 in Rio de Janeiro fasste der Papst seine Sicht des Glaubens und einer mutig in die Zukunft aufbrechenden Kirche in die drei Schlüsselsätze:

Geht! Ohne Angst! Um zu dienen!

Genau das ist das Anliegen, dieses streitbaren Buches:

Geht und lasst das Kirchenschafsein zurück!
Ohne Angst, sondern mit Mut und Ausdauer!
Um zu dienen und so die Botschaft Jesu in unserer Welt
heute zu leben!

Als *Mutchrist* voll Freude und Hoffnung in die Zukunft schauen, das ist noch ein Traum. Aber wenn ihn viele träumen, beginnt eine neue Wirklichkeit der Kirche:

Wir träumen von einer Kirche,
die offen und einladend ist für Menschen
mit unterschiedlichen Ansichten und Lebenskonzepten,
die alle zusammenbringt zum Reichtum der Schöpfung.

Wir träumen von einer Kirche,
die Menschen aus allen Völkern als das eine Volk Gottes
ansieht
und deshalb Brücken zwischen Fremden baut
und Solidarität und Freundschaft verwirklicht.

Wir träumen von einer Kirche,
die helfend und solidarisch ist als Anwalt der Menschen,
die von ihrem Glauben her zum Nächstendienst fähig wird
und zu einer besseren und gerechteren Welt beiträgt.

Wir träumen von einer Kirche,
die gegen Unterdrückung, Not und jegliches Elend angeht,
die menschliche Nähe und tatkräftige Hilfe gewährt
all denen, die Hilfe brauchen.

Wir träumen von einer Kirche,
die als Volk Gottes miteinander auf dem Weg ist
und sich als Gemeinschaft von Menschen versteht,
die füreinander Verantwortung tragen.

Wir träumen von einer Kirche,
die den Gott Jesu Christi als das Geheimnis unseres Lebens
    bekennt,
der lebenschaffend und befreiend wirkt
und uns durch Jesus mit seinem Geist erfüllt und stärkt.

Wir träumen von einer Kirche,
die Heimat des Glaubens,
Anwalt der Menschen
und Volk Gottes auf dem Weg ist.

Leben wir unseren Traum!

Inhalt

Weitere Bücher von Hermann-Josef Frisch im Patmos Verlag:

Aufbruch oder
Betriebsunfall?

Das II. Vatikanische
Konzil und seine Folgen

Die Bedeutung der Kon-
zilsbeschlüsse wird durch
ihre Vorgeschichte, ihre
wesentlichen Inhalte und
ihre Wirkungsgeschichte
herausgestellt.

144 Seiten
ISBN 978-3-491-72565-2

Unendliche Hoffnung

Was kommt
nach dem Tod?

Gibt es eine Perspektive
über den Tod hinaus?
Dieses Buch stellt die
Antwortversuche und
Vorstellungen der Religionen und Weltanschauungen
kompakt und verständlich
dar.

144 Seiten
ISBN 978-3-8436-0419-2

Geht MUTIG
neue Wege!

Briefe von Heiligen
an Christen von heute

Die Botschaft und das
Wirken der großen Heiligen,
von Frauen wie Männern,
ist heute ebenso aktuell wie
damals. 47 fiktive Briefe der
Heiligen sprechen Men-
schen unserer Zeit an.

160 Seiten
ISBN 978-3-8436-0072-9

Euer Noach,
Schiffbauer
und Zoodirektor

Biblische Gestalten
melden sich zu Wort

57 Briefe biblischer
Gestalten von Adam bis
zu den Engeln vom Hirten-
feld ziehen Linien
von der biblischen Zeit
bis zur Gegenwart.

144 Seiten
ISBN 978-3-491-70426-8

Auf uns wartet
DAS Leben

Was wir an Ostern
feiern

Herkunft und Botschaft des
Osterfestes werden erläu-
tert und ins Heute über-
setzt: kompakt, informativ,
inspirierend.

128 Seiten
ISBN 978-3-8436-0005-7

Da hat der Himmel
die Erde berührt

Was wir an
Weihnachten feiern

Herkunft und Botschaft
des Weihnachtsfestes
werden erläutert und ins
Heute übersetzt: kompakt,
informativ, inspirierend.

128 Seiten
ISBN 978-3-8436-0234-1

Welt und Botschaft der Bibel

Das große illustrierte Handbuch

Reichhaltiges Sach- und Hintergrundwissen über die Länder und Völker der Bibel, über alle biblischen Schriften; ein umfassender Überblick mit reichhaltiger Ausstattung an Bildern, Karten und Registern

448 Seiten
ISBN 978-3-8436-0232-7

Der Buddha

Die Geschichte des Erwachten

Die Lebensgeschichte des Buddha spannend erzählt, dazu über 200 Farbfotos aus der Welt des Buddha und informative Sachtexte

248 Seiten
ISBN 978-3-8436-0067-5